知っておきたい！公職選挙法

井戸 まさえ、三村 和也

はじめに　公職選挙法と選挙の実態……2
第1章　公職選挙法は何のためにある？……4
第2章　公職選挙法が政治への「参入障壁」となっている……23
第3章　みんなが知っておきたい公職選挙法……34
第4章　地殻変動が起きた二〇二四年選挙……49
第5章　選挙違反捜査はこう進む……60
第6章　ネット選挙　岐路に立つ公職選挙法……72

岩波ブックレット No. 1106

はじめに　公職選挙法と選挙の実態

いま選挙をめぐって、現職の国会議員や首長が告発されたり、逮捕起訴されたりする事件が続いている。直近では、二〇二四年一一月の兵庫県知事選挙で再選した斎藤元彦氏が選挙に際して支払いをしたPR会社社長が、自分が広報全般を担ったとSNSに投稿し、公職選挙法(公選法)違反の疑いが取り沙汰されている。

ここ数年でも、二〇一九年の参議院選広島選挙区での買収事件では、総額で一億五〇〇〇万円ものカネが堂々と配られ、河井克行元法相と妻の案里元参議院議員が起訴された。

二〇二四年におこなわれた江東区長選挙では、現職の国会議員で前法務副大臣の柿沢未途氏が区議らに現金二二〇万円を配り、違法な有料インターネット広告の配信に関わったとして起訴され、その後有罪が確定した。江東区長となった木村弥生氏も「連座制」を適用されて行政罰を受けたのち、自身も有罪となった。

二〇二五年二月、週刊誌の報道で鈴木馨祐法務大臣が法務省の職員に菓子折を配ったと明らかになった。公職選挙法は政治家が選挙区内の有権者に寄附することを禁じているので、職員の中に選挙区の住民がいれば、違反となるおそれがある。鈴木氏は費用は私費で、あくまで「差し入れ」としたが、石破首相から厳重注意を受けた。

筆者二人は共に元衆議院議員で、数回の選挙を候補者として戦ってきたが、スマートフォン一つで録音・録画ができ、簡単に物証が残せる時代になっているにもかかわらず、かつて横行していた単純な公職選挙法違反を、それなりに経験のある政治家が犯してしまうことに、少々驚くと同時に疑問を感じている。むしろ、「まさか、そんな単純な違反は犯さないだろう」という思い込みを利用し、裏をかいているのかとさえ思われるほど、幼稚すぎる手法だ。

さらに、インターネットを利用した選挙運動（ネット選挙）をめぐるさまざまな問題も浮上している。他にも、二〇二四年の東京都知事選では公営ポスター掲示枠が「売買」されたり、兵庫県知事選では、自分の当選ではなく他の候補者の応援のために立候補する「二馬力選挙」が問題視されるなど、公職選挙法の「穴」や「隙」があらわになった。

民主主義国家において、主権者である国民が首長や議会のメンバーを選ぶ選挙は、社会の根幹を支える最も重要な制度である。そのルールを定めているのが公職選挙法だ。しかし、この公職選挙法が、テクノロジーの進化と社会の変化に追いついておらず、候補者たちがいざ選挙を戦おうとするとき、さまざまな矛盾に直面する。

一方で、最近の選挙違反事件やそれにまつわる議論を見ていると、候補者や論者たちがあまりにも公職選挙法について不勉強だと感じることが多い。たしかに公職選挙法はわかりづらく、複雑怪奇な法律である。しかし、その目的は何よりも「選挙の公平を期す」ことにある。選挙における買収の防止など、公職選挙法が守るべき価値は、時代の変化を経ても変わらないはずだ。

このブックレットでは、世の中に誤解が蔓延している公職選挙法が、実際にはどう作用しているのか、選挙の〝リアル〟を明らかにしながら、これからの選挙と政治のありかたを考えていきたい。

第1章　公職選挙法は何のためにある？

公職選挙法の目的と手段

日本で完全な普通選挙が初めて実施されたのは、第二次世界大戦敗戦の翌年にあたる一九四六年。公職選挙法はその四年後の一九五〇年に施行されたから、二〇二五年で制定から七五年が経つ。すでにあった衆議院議員選挙法、参議院議員選挙法、地方自治法の選挙に関する規定等を統合して制定されたものだ。つまり選挙に関する一切合切がこの法律に詰めこまれている。

立法の目的は第一条に規定されている。

「この法律は、日本国憲法の精神に則り、衆議院議員、参議院議員並びに地方公共団体の議会の議員及び長を公選する選挙制度を確立し、その選挙が選挙人の自由に表明せる意思によつて公明且つ適正に行われることを確保し、もつて民主政治の健全な発達を期することを目的とする」

「選挙の公明且つ適正」すなわち「選挙の公正」を「期す」ことがこの法律の目的であり、そのためにさまざまなルールが定められているのだ。

言うまでもなく、選挙は公正に実施されなければならない。カネのある候補者や権力を持つ政党が有利になる選挙がまかり通れば、民主主義社会は正常に機能しない。成立後七五年が過ぎた今でも、公職選挙法の「目的」の正当性に疑いはない。

では、その「手段」はどうだろうか。実際のところ、ほんとうに必要なのか、また機能しているのか疑問に思われる規定も少なくない。しかし、公職の選挙とは、さまざまな法律（ルール）をつくる権力を持つ人間を自分たちの代表として選び出すものだ。現時点で公職選挙法というルールが存在する以上、たとえ時代に合っていないとか、不合理だと思われても、候補者も有権者も正しく今あるルールを理解し、そのルールに則って選挙を実施しなければならない。そして、必要があるならば、選ばれた政治家がルールを変えればよいのである。

公職選挙法が決めていること

公職選挙法は六法全書で五〇頁を超える分量があるが、ここでは選挙そのものに関わる条項について、簡単に解説してみよう。

第一章　総則

・**適用範囲**　公職選挙法が適用されるのは、衆議院・参議院・地方公共団体（都道府県及び市区町村）の議員と首長（「くびちょう」と読むことが多い。知事・市町村長など）の選挙、つまり日本国内で実施されるすべての公職の選挙である。

・**選挙管理委員会**　選挙事務を管理するのが選挙管理委員会（選管）だ。衆議院と参議院の比例代表選挙は中央選挙管理委員会、衆議院の小選挙区選挙や参議院の選挙区選挙、知事選挙などは都道府県選挙管理委員会、市区町村長選・議員選は市区町村選挙管理委員会が担当する。

第二章　選挙権及び被選挙権

・**選挙権、被選挙権**　選挙権が一八歳以上、被選挙権が衆議院議員選挙などでは二五歳以上、参議院議員選挙などでは三〇歳以上。

第三章　選挙に関する区域

・**議員の定数など**　衆議院議員や参議院議員の定数、選挙区など、その選挙で何人の人が当選できるのかについての規定である。議員定数を変更する場合は法を改正しなければならない。

第四章　選挙人名簿

・**有権者**　誰が選挙権を持つ有権者であるかを規定する。

第五章　選挙期日／第六章　投票／第七章　開票／第八章　選挙会及び選挙分会／第九章　公職の候補者

・**選挙の方法**　それぞれの選挙をおこなう日程や投票の方法、開票の方法、立候補の方法等についての規定である。期日前投票や在外者投票、身体の不自由な人のための郵便による投票の方法などもここで定めている。

第十三章　選挙運動

・**選挙運動**　肝心の選挙運動についてのさまざまな規定で、ここが公職選挙法の核心である。選挙運動ができる期間、送ることができる選挙はがきの枚数や新聞広告を使った選挙運動、政見放送、公営掲示板に掲示できるポスターの枚数、街頭演説でできることなどが定められている。こうしたこと細かい規定があるのは、候補者に財力があるかどうかで選挙運動に差がつかないようにするためだと思われる。しかし、筆者が選挙を体験して公職選挙法を理解した実感では、いまだに選挙に使える提灯についての規制があるなど、時代を感じる内容も少なくない。

二〇一三年の公職選挙法改正で、有権者、候補者、政党などがインターネットを利用した選挙運動が一部可能になった。しかし、禁止されている事項が多いので、注意しなくてはならない。

第十四章　選挙運動に関する収入及び支出並びに寄附等

・選挙運動費用　選挙において使ってよいお金はどこからどこまでか、そしてその収支の報告義務等について規定する条文だ。実は選挙運動そのものに使ってよいお金はあまり多くなく、選挙期間中に限って言えばそれほどお金はかからない（むしろ使えない）といってもよい。選挙運動と政治活動の違いについては後で詳しく述べるが、お金がかかるのは日頃の政治活動の方なのだ。

選挙に携わる人々はボランティアが基本である。もし運動員をお金で集められるとしたら、財力によって選挙運動の規模が変わり、公正な選挙が担保されないおそれがあるからだ。

選挙運動の中で報酬を支払ってよいのは次の通りで、厳しく限定されている。①事務員　②車（船）上運動員＝ウグイス・カラスと呼ばれる候補者の名前を連呼する人　③手話通訳者　④ビラなどのために口述の要約を筆記する人。

さらに、選挙カーの運転手など「選挙運動のための労務をする人」がある。

「事務」や「労務」は「主体的・裁量的」ではない、誰かに指示されておこなう単純作業を指していて、ビラ配りや電話かけのような有権者への働きかけはできない。事務員たちを雇うときには選挙管理委員会に届出が必要で、その他の人はすべて無報酬のボランティアである。

二〇二四年一一月の兵庫県知事選挙で公職選挙法違反が疑われたのは、この「選挙運動に関する収入及び支出並びに寄附」に抵触するのではないかという点である。

公職選挙法は、有権者や運動員に対して金銭や物品、財産上の利益、また仕事を与えることを禁止している。

疑惑の発端は、ＰＲ会社の社長が「斎藤元彦陣営の広報全般を担っていた」と自らnote（インターネット上に文章を発表するプラットフォーム）に発信したことだった。その後、大学教授と弁護士が、斎藤知事とＰＲ会社社長を公職選挙法違反（買収／被買収）で刑事告発した。告発状によると、会社社長は斎藤氏から戦略的広報業務を受託し、ネットによる選挙運動を含む広報全般の企画・立案を実行した。斎藤氏が七一万五〇〇〇円を選挙運動への報酬として支払ったことは、選挙運動員に金銭を供与した行為に当たる、としている。

今回のケースは、会社社長のnoteに書かれているように、報酬を得て広報全般を請け負っていたこと、本来は候補者か選挙対策本部（選対）幹部しかできない選挙中のＳＮＳ発信などを社長がおこなっていたことが事実かどうかで、今後の県政に与える影響も大きく変わってくる。

ただし、実はネット選挙に関わる支出については、どの陣営も悩んでいる。ネット選挙が解禁されたときとは比べものにならないほどに、今やＳＮＳの影響力は増大している。ネット社会の進化に応じた新しい基準も必要ではないかと切実に感じるところだ。

第十六章　罰則

・**罰則**　選挙違反には厳しい罰則が科せられている。連座制、つまり候補者本人ではなく、陣営幹部等が違反した場合でも、候補者に当選無効や立候補制限が及ぶ制度もここで定められている。

どのような改正がなされてきたか

公職選挙法は選挙権や選挙区割等を含めて選挙に関する幅広いルールを規定しているので、何度も改正されてきた。しかし、基本的な法律構成は成立当初から大きく変わっていない。

主な改正は次の通りである。

一九五〇年　公職選挙法制定
一九八二年　参議院全国区制から拘束名簿式比例代表制へ、地方区から選挙区へ
一九八三年　選挙運動期間の短縮、立会演説会の廃止、街頭演説の時間を短縮
一九九四年　衆議院中選挙区制から小選挙区比例代表並立制へ
一九九八年　在外選挙制度の創設
二〇〇〇年　衆議院議員の定数を四八〇人、参議院議員の定数を二四二人に削減、参議院拘束名簿式比例代表制から非拘束名簿式比例代表制へ
二〇〇三年　期日前投票制度の創設
二〇一三年　インターネット選挙運動の解禁（一部）、衆議院議員の定数を四七五人に削減
二〇一五年　選挙権年齢引き下げ（満一八歳以上）、参議院選挙区選出議員の選挙に合同選挙区（鳥取・島根、徳島・高知）を設置
二〇一七年　衆議院議員の定数を四六五人に削減

このように、小選挙区制の導入や定数の変更、年齢の引き下げ、インターネット選挙の解禁な

どが中心で、政治活動者や候補者が戸惑う細かい規制のアップデートには踏み込んでいない。

「政治活動」と「選挙運動」はどう違う?

公職選挙法が規制するのは「選挙運動」である。では選挙運動とは何だろうか?

実は公職選挙法は定義していないのだが、判例によれば「特定の選挙について、特定の候補者の当選を目的として、投票を得又は得させるために直接又は間接に必要かつ有利な行為」とされている。

選挙運動ができるのは公示・告示日から投開票日までの選挙期間中だけだ。公示・告示より前に、たとえば「次の衆議院選挙で私に投票して下さい」(次の衆議院選挙=特定の選挙、私=特定の候補者、について、投票して下さい=投票を得るための行為)と呼びかけることは、「事前運動(選挙運動)」に当たるとして、禁止されている。

しかし、選挙期間以外の行為については、実はほとんど規制はないのである。常に選挙がおこなわれているわけではないから、政治家は日頃「(選挙運動ではない)政治活動」、または「後援会活動」と称して、選挙運動よりも力を入れて活動している。「選挙にお金がかかる」は、正しくは「選挙に勝つためにお金がかかる」のであり、それが政治活動なのである。

選挙の候補者になろうとする者は、選挙期間がスタートするまでは「候補者」ではない。しかし、次の選挙に出るというアピールをしたいため「候補予定者」と名乗る。こうした子どもだましとさえ思えるような、些細というか、いじましい工夫を候補者たちは日常からやっているのだ。

では「政治活動」とは何だろうか。

政治家や政党、政治団体などが、自分の政策や所属する政党の宣伝をしたり、アピールすることを指す。くりかえしになるが、選挙期間中でなければ、政治活動には原則としてほとんど制限がない。極端に言えば、事前運動と見なされないためには、「次は私に投票して下さい」とさえ言わなければいいのである。

一方で、選挙運動ができる期間は、最長で一七日間、最短で五日間と、日数が非常に限られている。しかも、違反すれば一年以下の禁錮または三〇万円以下の罰金、選挙権・被選挙権が停止されるという、厳しい処罰が待っている。

また、「政治活動」ならば戸別訪問や手紙を送ることや新聞広告を出すことも許されているのに、選挙運動については、他国と比べても格段に厳しい、細かすぎる規制が用意されている。とはいうものの、政治活動と選挙運動を明確に分けることができるのだろうか。

たとえば、駅頭で「本人です」と書いたタスキをかけている現職議員や候補予定者を見かけた人は多いだろう。また、政治家のポスターがついこの前まで個人一人のポスターだったのに、ある日突然、政党ポスターや党首などと並んだ二人や三人のものに変わっている。有権者から見たら不可解なこれらの行動にも、公職選挙法が関わっている。事前運動に当たらないように注意しながら、来るべき選挙に向けて、最も効果的に成果を上げられるように活動しようという苦肉の策なのである。実際のところ政治家や候補者たちは、次の選挙に向けた集票活動だと思いながら「政治活動」をやっている。本音と建前が微妙なバランスで交錯しているのが政治活動であり、後援会活動なのだ。

「政治活動」でできることには何がある？

それでは、公職選挙法による選挙運動の規制の実態を見ていこう。実は、それぞれの選挙、また選管ごとに法の解釈にばらつきがあるようにも見える。候補者も有権者も、違う選挙区で立候補したり投票したりする経験はそれほど多くない。また、選挙がおこなわれるのも数年に一回程度である。それぞれの選挙管理委員会も横のつながりがあるわけではなく、市区町村の選管は都道府県の選管から降りてくる通知を見るぐらいで、基本的にはその地域での先例を踏襲することになる。

まず、選挙運動に当たらない、「政治活動」としてできることを見てみよう。

① 政治活動用ポスターの貼り出し ② 政治活動用立看板の設置 ③ 政治活動用文書図画（ビラ）の頒布 ④ インターネットの活用 ⑤ 街頭演説会・室内演説会 ⑥ 後援会活動・党員拡大活動 ⑦ 各種企業・団体への推薦依頼

政治活動用ポスターは孫悟空の如意棒

「政治活動」で候補者たちが重要視するのは「露出」である。自分たちがその場所にいなくても、二四時間自分の代わりに名前と顔を選挙区民にアピールする① **政治活動用ポスター**を貼る活動は、多くの候補者にとって活動の核だ。なお、政治活動用ポスターと選挙運動用ポスターはまったく別物である。

選挙の六カ月前までなら顔写真や氏名を大きく表示した「演説会告知用ポスター」を掲示することができる。これも建前はあくまで日頃の活動としての「演説会の告知」のためだという体裁をとっているが、どう考えても「売名」だろう。なぜかといえば、告知ポスターなので演説会の日程と場所を明記しなければならないのだが、多くの場合「なんぼなんでも」と思うような極小の文字で印刷されているからだ。しかも演説会は実施されないことも多いというから、アリバイ作りと思われてもしかたないだろう。そして、この政治活動用ポスターを持参していれば、戸別訪問をしても問題ない。たとえていえば政治活動用ポスターは「孫悟空の如意棒」なのである。

しかし、その如意棒も選挙の六カ月前になると威力は減少する。先に触れたように、貼っていいのは、政党の代表の写真とキャッチコピー等を掲載したポスターやキャッチコピーのみのポスター。それに加えて、候補者だけでなく、同じ大きさで党首や幹部の写真や名前を記した、いわゆる二連、三連ポスターしか掲示できなくなる。一人ポスターは、選挙の六カ月前までは政治活動の範囲内だが、それ以降は事前運動と見なされるからだ。選挙が近づくからこそ自分の顔や名前を売り込みたいのに、党首などとの「相席」となり、売名という点では戦力ダウンとなる。

掲示期間が制限される政治活動用ポスターに対して、事務所などに常に設置できるのが② **政治活動用立看板**である。数や大きさは決まっていて、各選挙管理員会が発行する証票をつける必要があるが、選挙期間中も設置したままでいいというメリットがある。

ビラ、街頭、党員拡大

ほとんどの人が家のポストに政治家のビラがポスティングされた経験があるだろう。③**政治活動用文書図画**とはつまりビラのことである。選挙について書くことや投票依頼は許されない。「投票して下さい」などの直接的な投票依頼の文言がなくても、氏名や写真だけを大きく書いたものも、選挙運動と見なされるおそれがある。文書は証拠として残るので、候補者たちは違反にならないよう、かなり慎重に作成している。

また、最近の政治活動はこれまでの紙媒体中心の活動から、④**インターネットの活用**に軸足を移しつつある。これについては、第6章で詳しく述べる。

選挙期間中でないときでも、駅頭で街頭演説をする政治活動者を見かけることは多い。それが⑤**街頭演説会**である。自分の名前や政党名が書かれたのぼり旗(政治活動用ポスターに準じて、一人のぼり旗や二連のぼり旗がある)を立て、ポスターを貼ったプラ板を看板として近くに置きつつ、演説や挨拶をする「街頭」と呼ばれる行為だ。これで支援が増えるのか、実のところやっている本人たちも確信はない。今日の「街頭」で何票獲得したかカウントできるわけではないからだ。もはや「信心」ともいえるが、それでも、通行する人たちの反応から所属している政党や自分の立ち位置を確認する市場調査の意味合いもある。

室内演説会の場合は、支持者や知り合いに声をかけて開催するケースが多い。最近ではSNSで告知して集客できるようになっている。

選挙に勝つために大事なのは、何よりも「いかに後援者を増やすか」である。⑥**後援会活**

動・党員拡大活動は、選挙区内の有権者を戸別訪問したり、紹介を受けて訪問したりする活動だ。また、多くの政党がその人を公認する要件として、党員獲得ノルマを課している。党員やサポーターになってくれたとしても、党費まで払ってもらうことには苦労するので、実質候補者が支払う「立て替え払い」をしているのではないかという指摘もある。

いわゆる組織票を得ようとする活動が、⑦ **各種企業・団体への推薦依頼**である。しかし、個人の後援会が依頼をすると選挙運動と見なされるから要注意だ。しかし例外はあって、政党が推薦を依頼するならば実質セーフである。推薦依頼状も、政党の都道府県連や本部の代表名で作られる。

ちなみに、近々選挙があろうとなかろうと、政治家は香典・お祝い・年賀状といった「社交的行為」も制限されている。もちろん、投票依頼行動にならなければ、友人に結婚祝いを渡したり、恩師に年賀状を書いたりすることも問題はない。しかし、選挙区内の有権者に中元・歳暮や各種のお祝いを送ることは、「有権者への寄附」に当たるとして禁止されている。ただし、秘書等が代理で出席するのではなく、本人が出席する場合は、結婚披露宴の祝儀や葬儀の香典を渡しても罰則の対象にはならない。また、選挙区内の有権者への年賀状や暑中見舞いなどは、「答礼のための自筆によるもの」以外、つまり自分で書かずに印刷したものは禁止されている。

有権者の多くはこうした細かいルールを知らないので、挨拶もないとは無礼だと言われることもある。そのたびに「公職選挙法で禁止されていまして」などと説明しなくてはならない。

「選挙運動」でやってはいけないこと　矛盾だらけの実態

次に、選挙運動に関する規制を見ていきたい。

選挙の公正を保ち、選挙が財力や権力によって歪められないようにするためとはいえ、日本の公職選挙法には、他国に例を見ない厳しく細かすぎる規制があり、「べからず法」と呼ばれるほど、禁止される行為が多い。

選挙運動について規定しているのは、公職選挙法第十三章である。

・**選挙運動の期間**　選挙運動ができるのは、立候補の届出のあった日から選挙の期日の前日まで。

・**選挙事務所の設置及び届出の規制**　選挙事務所を設置したら、選挙管理委員会に届け出なくてはならない。選挙事務所は基本一カ所のみだが、選挙区が広大な場合、三〜五カ所（参議院合同選挙区は一〇カ所）まで設置できる。

また、選挙事務所は一日につき一回を超えて移動してはならないという規定があるが、実際に事務所を完全に引っ越しするわけではなく、知名度向上のために「移動事務所」を設置するケースのことだ。電話かけなど実際に事務作業をしている本来の事務所とは別に、テコ入れをしたい地区などに、宣伝効果を狙って事務所の大きな看板を掲げ、そこで一日あるいは数日選挙事務をおこなうという選挙戦術に対する規制である。

・**選挙当日の選挙事務所の制限**　選挙事務所は投票所から三〇〇m以上離れていなければならない。三〇〇m以内に投票所が設置された場合は撤去する（実際には看板を隠すことで対応）。

・**休憩所等の禁止**　選挙事務所以外に、選挙運動のための休憩所などを設けてはいけない。

・**一八歳未満の者の選挙運動の禁止**　未成年者は選挙ビラを配るなどの選挙運動をすることができない。違反すれば一年以下の禁錮か三〇万円以下の罰金、選挙権・被選挙権が停止される。近年はこのルールを知らない候補者も見受けられる。ただし、事務所での雑用など「選挙運動のための労務」は認められている。

・**戸別訪問の禁止**　これは、他の先進諸国を見ても非常にめずらしい規制である。政治活動では認められているのだから、長くても一七日間という選挙期間中に限って戸別訪問を禁止することに合理性はあるのだろうか。この特殊な規制については、少し歴史を遡って考えてみたい。

戸別訪問の禁止をはじめとする厳しい選挙運動の規制が導入されたのは、実は公職選挙法の制定よりずっと古く、一九二五（大正一四）年の衆議院議員選挙法の改正においてである。当時は誰でも立候補・投票できる普通選挙ではなく、一定額の納税をした男性だけが選挙権を持つ、経済力と性別による制限選挙だったが、政界の腐敗が社会問題となっていた。腐敗の最大の原因は選挙費用が莫大になることだとされ、選挙費用の最高額を制限して、それほど資金力のない候補者でも選挙で競争できるようにする目的で、選挙運動の規制が導入された。つまり、カネにあかせて、有権者の家を訪ねて買収や個別の関係を作るようなことを禁止しようとしたのである。

国立国会図書館の資料によると、戸別訪問を禁止する趣旨は、「買収など不正の機会をなくすため」「情実や感情ではなく、人物識見や主義政策に基づいて投票するため」の二点に集約されるという。買収の防止は、現在でも第一の理由で、最高裁の判例でも戸別訪問禁止を合憲と判断する根拠として掲げられているが、この合憲判断には批判的な学説も多い。

SNS時代の今となっては、あえて戸別訪問を解禁したところで選挙の実際が変わるかどうかは不明だが、見直すべきルールであることは間違いない。

・**署名運動の禁止**　自分への投票を促したり、競争相手に投票しないようにしたりするために署名を集めることはできない。

・**人気投票の公表の禁止**　候補者について人気投票の経過や結果を公表してはならない。では、メディア各社が選挙のたびに発表する世論調査は違反ではないのだろうか？　政府の見解では、電話や期日投票所前で直接聞いた調査は人気投票にはならないことになっている。

・**飲食物の提供の禁止**　お茶や菓子は例外である。かつては未開封のペットボトルはこの規定違反ではないかとされていたが、近年では許容範囲内のようだ。また、運動員や運転手などの労務者に対して、一定の範囲内の金額・数量の弁当を提供することは許されている。

・**気勢を張る行為の禁止**　何のことを言っているのかよくわからない人も多いだろう。公選法には「選挙運動のため、自動車を連ね又は隊伍を組んで往来する等によって気勢を張る行為」とあるが、デモ行進のように人や車が列を組み、大声で候補者の名前やスローガンを叫んだり、太鼓やラッパをならすようなことはしてはいけない、という意味だ。誰もそんなことはしていないが、候補者が運動員と一緒に商店街を練り歩く「桃太郎」と呼ばれる活動がある。キジや猿を従えた桃太郎になぞらえたネーミングで、その時も大騒ぎをして近所迷惑になるようなことは許されないというのがこの規定の趣旨だろう。

・**連呼行為の禁止**　選挙運動のために候補者の名を連呼してはならないとされているが、演説会場、街頭演説の場所、街宣カーではしていいので、この規制が問題になることはほとんどない。選挙期間がきわめて短く、街宣カーで走る場合も、駅前で演説するにしても、通りがかる人々にとってはほんの一瞬である。自分の名前をできる限りマイクで音に出すことが合理的な行動となるのはやむを得ないともいえる。

・**自動車、船舶及び拡声機の使用の制限**　使用できる街宣カーやマイクの数は基本的に一つだけ。また、ウグイスなど車上運動員は腕章をつけなければならない。

・**文書図画の頒布の制限**　これも日本の公職選挙法の厳しさを特徴づける規定の一つである。ビラには決められた証紙を貼らなければ配ることができない。選挙戦が始まると、各陣営はまず全力でシール貼りに邁進する。

・**挨拶状の禁止**　まさにその通り、有権者に対し、挨拶状を出してはならない。

・**夜間の街頭演説の禁止**　午後八時から翌日午前八時までの間は、選挙運動のために街頭演説をすることができない。勘違いが多いが、ここで制限されているのは「マイクを使った街頭演説」であり、他の選挙運動は、選挙期間中二四時間、投票日前日の午後一一時五九分五九秒まですることができる。「夜の街宣活動」と称して、飲み屋を回る候補者もいる。

・**選挙期日後の挨拶行為の制限**　選挙の後で、当選・落選したことに関して、有権者に対して戸別訪問や手紙を送ること、チラシを配ること、新聞紙や雑誌に出たり、当選祝賀会などを開催してはならない。つまり選挙についてのお礼や挨拶はできないことになっているのだ。二〇二四年の衆議院選挙では、れいわ新選組の高井たかし衆議院議員が当選祝賀会ともとれる写真をＳＮＳ

にあげ、問題になった。

選挙運動でやっていいこと

次に選挙運動としてできることを見ていこう。

・**選挙事務所の設置**　選挙事務所ごとに立札、看板、ポスターを合計で三個以内設置できる（一定金額まで公費負担である）。なお、ほとんどの候補者は使用したことがないと思われるが、公職選挙法では選挙事務所ごとに一個以内「提灯」を使用することができると規定されている。

・**選挙カー・拡声機の利用**　衆議院の小選挙区の場合、選挙カーは候補者一人について自動車（または船）一台、また乗車できるのは候補者・運転者・腕章を付けた運動員四人以内の合計六人まで。街宣車を流しで連呼する際、学校・病院等の周辺では静かにしなければならない。

・**選挙運動用ポスターの作成と貼付**　選挙になると設置される公営の看板ごとに一枚貼ることができ、貼り替え、シール貼り付けも自由にできる。公営の看板の数の二倍の枚数まで公費負担で作成できる。

・**選挙運動用ビラ**　衆議院の小選挙区の場合、候補者個人のビラは二種類まで七万枚以内を公費で作成できる。選挙管理委員会に届出が必要だが、内容に制限はない。しかし、七万枚すべてに選挙管理委員会が交付する証紙を貼らなければならない。「文書図画の頒布の制限」で触れたように、証紙のないビラは配れない。これが選挙で人海戦術が必要となる大きな要因の一つである。

しかも、候補者は選挙公示（告示）日に街頭演説等を始めると同時にビラを配りたいのに、証紙が交付されるのも公示日だから、その日に大量の人手を集めて一気に証紙を貼らなくてはならない。選挙期間が一二日間の衆議院選挙の場合、公示日は必ず火曜日になるので、平日の朝からボランティアに集まってもらうのは非常に苦労する。

ビラを配る方法にも制限があり、演説会場や街頭演説中、そして選挙事務所では配布でき、新聞折込も許されている。逆にそれ以外は禁止で、たとえば街頭演説をしていない場所、候補者のいない場所で運動員が勝手に配ることは違法である。また、午後八時から午前八時までのマイクを使用した街頭演説が禁止されている時間にビラを配ることも違法となる。

• **選挙運動用はがき**　「選挙はがき」も強力な武器である。制作費（の一部もしくは全て）も郵送費も公費負担で、衆議院の小選挙区の場合、有権者三万五〇〇〇宅に候補者の名前や政策を郵送できる。さらに、政党公認候補であれば、政党分として小選挙区ごとに二万枚を追加できる。ただし、この追加分は公費負担ではないから、すべて送る場合は一七〇万円の切手代がかかることになり、最近では出さない候補者も多い。金銭的な負担に加えて、個人情報保護法が根づいてくる中で、名簿が集まらなくなっているからだ。

• **新聞広告**　候補者単独でも掲載できるが、政党の公認候補の場合、候補者届出政党、名簿届出政党の新聞広告と組み合わせ、新聞広告が出されることが多い。広告掲載費用は全額公費負担だから、各政党は選挙期間中必ず広告を出している。

• **選挙公報**　選挙公報も強力なツールである。原則として選挙区内のすべての有権者の世帯に自身の名前、経歴、政策を知らせることができ、内容に制限はない。

・**インターネットの利用**　第6章参照。

・**個人演説会**　午後八時以降も選挙運動はできるので、候補者は個人演説会を開いて、「票を固める作業」をする。個人演説会を開催するメリットは、開催日は一日中、会場に近いところに個人演説会用の看板を出せることだ。

・**街頭演説**　多くの候補者たちがメインの活動とするのが街頭演説ではないだろうか。

街頭演説にも制限はあって、ハンドスピーカーを使うときには選挙カーのスピーカーを止めなければならない。この規制が実際にどこまで守られているかわからないが、一人の候補者が同時に使えるマイクは一つだけなのだ。既に述べたように、時間は午前八時～午後八時まで。街頭演説をしている場所でビラ配りなど選挙運動ができるのは、運転手を除いて一五人までで、選挙管理委員会から交付される街頭演説用の腕章を着けなければならない。

・**政見放送**　制作費用は公費負担で、政党の公認候補の場合、通常、都道府県連単位でまとめて制作される。一人当たり一五秒ほどの映像を撮影して順番に自分のアピールポイントを話す。放送局はＮＨＫか、選挙区ごとに定められた民放で、候補者が好きな放送局を選ぶことはできない。

公職選挙法の成り立ちや目的、主な規制について大枠を解説してきたが、なぜ違反事件が後を立たないのだろうか。規制の内容が現代の私たちの価値観や生活実態と合わず、投票率の低下の原因や、そもそも立候補をしようという人々の参入障壁になっているのではないか。

次の章ではそうした観点から公職選挙法を考えてみたい。

第2章　公職選挙法が政治への「参入障壁」となっている

一〇〇年前のルールが現代の選挙をしばる現状

第1章で見たように、公職選挙法とは一言で言えば、選挙に関わるルールブックである。衆参両院の国会議員定数、選挙権・被選挙権の範囲、選挙区の区割から選挙の費用負担等まで、ありとあらゆることが記されている。日本では、任期が決まっているものでは参議院選挙は三年、首長と地方議会は四年に一度、それにいつ解散があるかわからない衆議院選挙(総選挙)に補選と、常に何かしらの選挙がおこなわれている。改正が必要と認識されたならば、すぐさま対応すればいいところであるが、現実はそうはいかない。

改正の歴史を見ても、選挙制度については時の政権の思惑等を反映して改正される一方で、演説、ポスター掲示、ビラ配り等の具体的な活動はほとんど変わっていない。「現状維持」が、既得権者である現職議員にとっては有利だと考えられているからだろう。

そもそも現行の公職選挙法の核心部分は、昭和、平成どころか、大正時代に決められて現代にまで受け継がれているものだ。「戸別訪問の禁止」「文書図画等の制約」もこの時のルールである。一〇〇年も前の選挙事務所に提灯が掲げられていた時代、テレビの普及、インターネットの発達等通信手段の大変革が起こる前の規定によって、現在の有権者が望む政治家を選ぶことができるのだろうか。現代のライフスタイルや価値観に合わせてルールを改正するべきではないか。

しかし、候補者の立場から言えば、公職選挙法で禁止されている事項には必ず抜け道がある。違反に問われない方法を探りながら、あくまで「政治活動」という名目で選挙の事前活動をおこなっているのが現実である。「こんな法律はおかしい」と思いながらも、それに従わなければ選挙は勝ち抜けない。それどころか、逮捕され、公民権停止となるかもしれないのだ。

供託金は必要か　驚きの没収額

選挙に出るにはまず供託金がいる。これは立候補の届出に必要な預け金だが、当選するか一定の得票があれば全額返金される。この供託金制度も、前述のように一九二五(大正一四)年の衆議院議員選挙法の改正で、泡沫候補を防止するために創設されたものだ(すべての選挙で求められるわけではなく、長い間、町議会選挙等では供託金はなかったが、二〇二〇年の改正で、町村の選挙で公費を出す対象を拡大する趣旨で供託金制度が導入された)。

供託金の金額は、衆議院議員選挙では、選挙区は三〇〇万円、比例区は重複立候補の場合は三〇〇万円、比例単独候補は六〇〇万円。参議院選挙では、選挙区は三〇〇万円、比例区は名簿登載者一人につき六〇〇万円となる。

ただし、没収の規定があり、簡単に言えば一定の票数を取れなかったら供託金は返ってこない。たとえば衆議院小選挙区では有効投票総数の一〇分の一、参議院選挙区は有効投票総数をその選挙区の定数で割った数の八分の一などである。ちなみに没収された供託金は、国や都道府県、市区町村に納められ、税金と同じように使われる。

供託金を払うのは小選挙区では候補者、比例代表では党である。しかし、実際には小選挙区の供託金に相当する分は党から公認料として各候補者の個人口座に振り込まれるので、基本的には党が払っていると考えていい。

二〇二四年衆議院選挙での共産党・小選挙区の候補者を例に、具体的に計算してみよう。

共産党は、前回二〇二一年の衆議院選では野党共闘を目指して候補者調整をしていたが、二〇二四年は二一年の三倍の候補者を擁立し、小選挙区に二一三人が立候補した。しかし、その三分の二に当たる一四三人の得票が有効投票総数の一割に達せず、供託金没収の対象となった。小選挙区の立候補者だけで、没収された供託金は四億二九〇〇万円という莫大な金額になった。

このように、政党は闇雲に候補者を立てられるわけではなく、資金的な裏付けが必要になる。与党・野党にかかわらず、一定の基礎票が見込める団体の支援がある候補者や、タレントなど知名度のある候補者を擁立するのには、こうした財政上の計算もあってのことなのだ。

また、公職選挙法は「政党要件」、文字通り政治団体が政党と認められるための条件も示している。①国会議員五人以上、または、②国会議員が一人以上、かつ直近の衆議院選か参議院選で全国を通じた得票率が二％以上、のどちらかを満たさなければならない。

政党として認められれば、衆議院選で小選挙区と比例の重複立候補ができるようになり、政党交付金も受け取ることができる。つまり、より多くの候補者を立てれば短期的には供託金の没収金額は大きくなるが、二％得票の条件を満たして政党として認められさえすれば、将来的には立候補者全員の供託金をカバーできるだけの政党助成金が入る可能性がある。

供託金については、はたして現在の金額が妥当かどうか議論が必要である。二〇二四年の国連女性差別撤廃委員会では、日本で女性の政治参画が進まない理由の一つとして、男女間の賃金格差が大きいにもかかわらず、一律の供託金が課されている点について取り上げられた。

一方で、当選よりも自分の存在や考え方を広く社会にアピールすることが目的の候補者にとっては、通常の広告費用に比べたら選挙の供託金は「安い」という。立候補届が受理されれば、政見放送や選挙公報など、基本的には自己負担なしに利用できる。ある候補者は「テレビCM代を払うより供託金没収の方がずっとお得だ」と公言したが、国政選挙は売名の場ではなく、立法者を選ぶ行為である。その原点に立ち返れば、より優秀な人材が集まるようにしなければならないはずだ。供託金を提供できる政党に所属しなければ立候補できないなど、個人の意思だけでは立候補が叶わない阻害要因となっているのであれば、その是非を改めて考え直す必要がある。

誰が選挙ポスターや証紙を貼ってくれるのか?

いざ選挙公示・告示日となれば、選挙ポスターを掲示板に貼ることから選挙戦はスタートする。選挙区にもよるが、衆議院選や統一地方選では約五〇〇カ所、参議院選や東京都知事選など都道府県全域、もしくは二県合区では約一万四〇〇〇カ所にも上るので、ポスター掲示にかかる作業コストは膨大である。

ここで威力を発揮するのは地方議員や組織の存在である。どの選挙区でも一番乗りはたいてい創価学会の支持を得る公明党か、固い支持者がいる日本共産党。各地で多くの議員を抱える自由民主党、労働組合のナショナルセンターである連合（日本労働組合総連合会）の協力を得られる立憲民主党や国民民主党は初日の午後にはおおかた完了しているが、組織力のない小政党は候補者が急に決まることもままあり、ポスター自体が初日に間に合わず、翌日以降にボランティアが手分けしながら貼るというケースも珍しくない。どうしても手が回らない場合は、運送会社へ業務を委託することもあるが、当然費用がかかる。

もう一つ、膨大な人的作業が必要となるのがビラの証紙貼りである。証紙は、公的に認められたビラだという証明である。衆議院選挙では候補者の個人ビラと政党ビラを合わせて一一万枚、参議院選挙では三〇万枚という膨大な枚数になるので、各政党や各陣営は「証紙貼りセンター」を設けて、ボランティアを募る。ここでも地方議員や政党関係者、後援会が活動する。

また、固定電話が一般的だった時代には「電話かけセンター」があった。現在は、ＸやＬＩＮＥ等でボランティアを募集して初対面同士がつながっていくという、新たなかたちで選挙応援のコミュニティが構築されるようになっている。

証紙を貼るビラの枚数には制限があり、その目的は、資金力でたくさんビラを作成・配布することの防止だが、枚数をいくら制限しても、実際は証紙貼りにもポスター貼りにも多くの人員を必要とするのだから、結果的にはこれも組織を持つ者や現職が有利になるルールになっている。

「戸別訪問禁止」「文書図画制限」も実は現職有利

「戸別訪問の禁止」「文書図画(ビラ)の制限」も、一見資金力のない新人候補に配慮したかのように見えて、結果的には知名度の高い現職議員を圧倒的優位に立たせている。戸別訪問が直接買収や情実につながるという証明はできていない上に、二週間程度の短い期間しか選挙運動ができないのに制限が多すぎることは、候補者が発信しても有権者に十分に届かない状況を生んでいる。有権者の受け取る情報は主に大手メディアの報道になるが、メディアには候補者を公平に扱うという原則がある。そのため、選挙直前には個々の候補者の政策や人物を詳しく掘り下げて報道することはほとんどないので、結局知名度が優ることになる。また、日頃から政治活動として戸別訪問などをおこなっていた現職の方が、新人よりずっと優位になってしまう。

なお、第6章で詳しく述べるが、既存メディアの公平・公正な報道の原則や自粛が、有権者の関心をYouTubeやXなどネットの情報空間へと向かわせていることも指摘されている。

さらに、規制が多いということは、それに対する罰則も多いということだ。たとえば商店の軒先に入っただけの学生が戸別訪問とみなされて選挙後に警察に呼び出され、数日にわたって事情聴取を受けるということも実際に起こっている。政党に所属していて、選挙についての知識が豊富な党職員から指導を受けたり、何度も選挙をくぐってきている事務所ならばいざ知らず、無所属だったり、候補者も支援者も未経験者だったりした場合を考えると、意図せずに取り返しのつかない事態を招く可能性も決して少なくない。選挙実務を経験しているかどうかは、さまざまな面で、大きなアドバンテージとなっているのだ。

大手メディアの「自主規制」に加えて、特に文書図画については、明らかに売名運動と思われる行為は事前運動として規制される。

タレントや文化人としてテレビに出演している人が立候補する場合、ギリギリまで立候補表明をしないのは、直前までテレビに出ていたいという思惑があることが多い。選挙に出るとなった瞬間に、候補予定者のテレビ出演や出版物の広告は、その選挙の六カ月前以降は「自粛」されるのが通常だからである。

偶然だが、筆者（井戸）は解散が予測できない衆議院選挙の最中に著書が発売されることとなった。すでに新聞広告が掲載される日も決まっていたが、それが投票日に近いということで、新聞社の方で自主規制され、広告は投票日翌朝の新聞に掲載された。

しかし、そうした自主規制も最近では少なくなってきている。いくつか例を挙げてみよう。

衆議院選と違って参議院選は投票日が決まっている（任期満了選挙）が、二〇一九年の参議院選挙で当選した二人の議員は、その選挙の六カ月前より後に本を出版した。そして選挙直前には選挙区内の主要駅にその本の広告が大きく掲げられた。

また、現職大臣だった片山さつき参議院議員は選挙区内のさいたま市に著書の巨大広告看板を掲示していたが、参議院選の期間中も設置されたままで、公職選挙法違反の疑いありとして国会で野党から追及されたこともある。ちなみにさいたま市の条例では、屋外に広告看板を出すときには設置場所や大きさを届け出なくてはならないが、片山氏の看板は届出がなく、大きさも市の規定を超えていたために白塗りにする結果となった。このように、出版物の広告等が政治家としての売名行為や事前運動と受け取られかねない微妙なケースもある。

また、二〇〇九年の神戸市長選では、候補予定者が選挙に入る直前に、ＪＲのある路線全車両の中吊り広告を自分が編集した雑誌の広告で埋め尽くしたこともある。

二〇一九年の参議院選挙では、同じ党に所属する比例区と選挙区の候補者二人が共著を宣伝したが、選挙直前の出版で、表紙が顔写真で選挙ポスターと色合い等も酷似していたため、これも選挙に向けた活動の一環ではないかという声があった。

選挙が近づくからこそ名前を売り、活動を活発化させたいのは候補者心理だ。選挙がなければ本を出したり、大きな広告を出したりするだろうか。明確に違法とは言えないまでも、候補予定者たちは法に触れない方策を考えながら、なんとか自分をアピールしようと苦心しているのだ。

二〇二四年一一月の兵庫県知事選挙では、一位、二位となった陣営はいずれも選挙運動用看板の規格で選挙管理委員会から指導を受け、選挙事務所の看板を撤去した。二枚の看板を連結することで、実質通常の二倍の大きさの看板となっていると指摘されたのだ。しかし、実はこれはそれまでは認められてきたことだった。「これまで大丈夫だった」「前例がある」といっても認められない事例も増えつつある。このような、どこに基準があるのかわからない法の運用は、新人や組織のバックアップのない候補者にとって、いつ地雷を踏むかわからない不安材料となっている。

公職選挙法は厳しい割には基準が曖昧で、違反か違反でないかはケースバイケースだ。そのため、当事者たちも疑心暗鬼の中で活動しているのが実態である。二世、三世といった世襲候補なら、ルールを熟知した秘書やスタッフを引き継ぐことができる。アドバイスをしてくれる人が周りにいないと、政治の世界に参入することも、政治活動を継続することも難しい現実がある。

地域差があることも新人を困惑させている

一方で、当選するためには公職選挙法が許容するであろう「ギリギリ」の範囲で活動を展開するのが「選挙に強い政治家」であると評価されてきた。そのために、さまざまな「ギリギリ」や「そうくるか！」というような知恵を駆使した手法、政治の外の世界から見れば滑稽で非合理的とも思える手法がまかり通ってきた。

第1章でも触れたが、日頃の政治活動では候補者本人の氏名を記したタスキをかけることができないとされている。議員や候補者たちが名前ではなく、「本人です」と書いたタスキをかけて駅前に立っているのは、売名行為とか、選挙の事前運動と思われないようにするためだ。

しかしこれにも統一的な基準はない。筆者（井戸）は神奈川県で政治活動をしていた時、名前入りのタスキをしていた候補予定者が「売名行為」に当たるとして警告を受けた事例を見ていた。ところが、その後兵庫県に移って政治活動を始めると、堂々と名前入りタスキをして政治活動をしている人たちをよく見かけた。

「神奈川は知らんが、兵庫はええねん」。驚いた筆者が指摘すると、そう答えが返ってきた。公職選挙法は全国一律で法律を運用しているはずである。神奈川ではダメとなっているのに兵庫で良いという話にはならない。そこで県議会議員に当選して初めての本会議一般質問で、選挙管理委員長に対して質問をおこなった。返答は「役職を入れれば氏名が記載されたタスキを使用してもよい」というものだった。神奈川と兵庫では選挙管理委員会の認識が違ったのである。

しかし現在では、兵庫県で日頃の政治活動で名前が記載されたタスキを使用している候補予定者を見つけることは難しい。どんなに選挙管理委員会がセーフだと判断しても、有権者から「違反ちゃうの？」と言われることが多く、違反者と見られればイメージダウンにつながる。マイナス要因を避けるため、みな自粛していると思われる。

この場合、違反の認定に厳しい選挙区からゆるやかともいえる選挙区に移ったわけだが、これが逆だったらどうだろうか。タスキに限らず、これまでと同じことをしているのに、選挙管理委員会の管轄が変わっただけで選挙違反とされて公民権停止となったら、ダメージは多大だ。

「一人（ピン）ポスター」はなぜ「二連ポスター」に変わるのか

また、第1章でも言及したが、ふだん議員や候補者は、自分自身の顔とキャッチコピーからなる「ピン（一人）」ポスターを選挙区内に貼って知名度を上げる活動をしている。それが、選挙がおこなわれる半年前頃から、党首や有力議員との「二連」ポスターに変わることになる。選挙に向けた売名行為＝事前運動と見なされて、選挙管理委員会からポスターを剝がすよう指導されないための措置だ。ただし、二連ポスターであれば売名行為には当たらないという論理的な説得力はなく、これまでの運用で許されるとされているだけである。

参議院選や首長選などのように任期満了選挙であれば、「六カ月前」は明確だが、いつ解散があるかわからない衆議院選では、さまざまな政治情勢を読みつつ「そろそろでは？」と候補者自身の判断や政党の指示を仰いだりして、ポスターを変えることになる。この情勢読みでも、選挙の経験が豊かな現職や政党に所属する候補者が有利になっている。

候補者の本音は、選挙で名前を書いてもらうというのが究極の目的で、どんなにきれいごとを言っても、活動はすべて選挙に勝つためである。勝って議席を得なければ仕事ができないのだ。

複雑怪奇な公職選挙法ではあるが、改正までには時間がかかる。おかしいと思っても、今ある規制の中で工夫をしなければならない。それが「本人」タスキであり、二連ポスターなのだ。法律の網をくぐり抜け、公職選挙法に触れない範囲ギリギリで活動することも政治家の能力として評価されるという、なんとも皮肉な現実もある。

問題は、公職選挙法の規定が、政治の世界とは無縁だった人々の新規参入を阻むこととなっている現状である。真面目な候補者ほど、あれもこれも違反になるかもしれないと、自己抑制せざるを得なくなる。また、同じ行為であっても、権力との距離感によっては捜査対象になる等のおそれもあるとなれば、ベテランや二世とはそもそもスタートラインが違いすぎる。

いっそのこと選挙期間も取っ払って、常時選挙運動をおこなってよし、投票日だけが決まっているというアメリカなどが採用している選挙方式にした方が、有権者の理解も深まり、ずっと選挙は盛り上がるのではないかという考えもよぎる。そうなれば選挙資金が多額になったり、買収が起こるおそれは確かに残る。しかし、カネがある方が選挙に勝つとは必ずしも言えない時代となっている今こそ、政治活動・選挙運動とは何か、あらためて考え直し、適切に規定するルールメイクが必要になっている。

第3章　みんなが知っておきたい公職選挙法

公職選挙法を守りたくても、地域によって解釈に差があることは第2章でも指摘した通りだ。また、具体的な事案について選挙管理委員会に見解を聞いても、返ってくる答えはあくまで一般論だけ、個別ケースについては答えてくれないのが常である。実際に違反があった場合、立件するのは選挙管理委員会ではなく、警察・検察の仕事だ。しかし、たとえばポスターが破られるなどして被害届を出すことはあっても、自分たちの活動が違法かどうか捜査機関の見解を聞くことはまずないので、これをやっても大丈夫か迷う時、どこに聞いても正確な答えは得られない。

候補者はもちろん、善意や自らの思いの実現のために選挙に関わった有権者が、無知や誤解から違反行為をしてしまって、罪に問われたとしたら目も当てられない。候補者も有権者も深掘りして公選法を知っておく必要がある。

公職選挙法は座学だけでは学べない

候補者たちはどのように公選法を学んでいるのだろうか。

どのステージの選挙、つまり地方議員か首長か、国会議員でも参議院全国区か衆議院小選挙区か、また政党の公認・推薦を得るか無所属などの立候補かによって、事情は大きく違ってくる。

自由民主党や立憲民主党などの大政党に所属していると、国政でも地方選挙でも選挙の前には候補者や秘書、スタッフや経理担当者を対象とする勉強会が開かれる。候補者たちには立候補届からポスターのサイズ、選挙開始当日に渡される「七つ道具」の受け渡しの段取りまで、詳しく書かれたマニュアル「選挙運動の手引き」が配られる。宣伝機材や人員の確保、契約のしかたから選挙資金の準備や会計処理まで記載されている。勉強会は連座制など、選挙違反についての言及もあり、違反を抑止する意味でも重要な機会となっている。

さらに、大きな政党には公選法を熟知した党職員や顧問弁護士がいるので、素朴な質問から始まって、選挙や政治活動で候補者たちがトラブルに巻き込まれた場合は相手の警察との交渉や、時には裁判までフォローしてくれる。新人議員にとっては心強い存在である。

また、「地盤・看板・カバン」を引き継いだ世襲議員であれば、党本部に頼らなくてもベテラン秘書や地方議員といった人材ネットワークがある。たとえば元総理を父に持つ小渕優子衆議院議員は、二〇一四年に関係する政治団体が開催した観劇会について政治資金収支報告書に不適切な記載をして、捜査の過程で会計記録が入ったパソコンのハードディスクがドリルで壊されていたことが発覚し、元秘書二人に有罪判決が下された。法のギリギリ、もしくは違法行為があったとしても、最終的には側近が罪を被り、候補者本人には累が及ばないよう用意周到な根回しがされたのであろう。

親子、親戚縁者で何代にもわたって長く地域で活動する政治家の事務所は、ちょっとした中小企業のようだ。秘書たちは暖簾分けされて県議会議員や市議会議員、首長になり、選挙互助会を形成しながら生き延び、さらに強固な地盤を作っていく。地元で長く活動すればするほど、公職選挙法の抜け道や、違反した際の逃れ方などを経験的に知ることになる。そうした〝技術〟も含めて、政治手腕が代々引き継がれる。公職選挙法は座学だけでは学べないのだ。

新人候補者の場合はそうはいかない。だからこそ、党本部や弁護士の存在は心強いものとなっている。厄介なのは他陣営や一般の有権者から「違反ではないか」と問い合わせが入ったときで、「党本部に確認済み」もしくは「党本部の指導があった」と答えることができるのは大きなメリットである。無所属や小政党では、独力で対処しなければならない。「公認」されているかどうかで最も違うのは、こうした党の資源活用についてかもしれない。

「担がれた候補者」の選挙は二世と同じ

ただ、首長選挙、特に都道府県知事選挙では幅広い支持を得るために、実質的には既成政党の支援を受けながらも、「無所属」を掲げる候補者が多い。そういう候補者はいわば「担がれた神輿」で、選対もステルスで応援に入っている各党や団体にすべておまかせ。自分でスタッフを用意しなくとも、カネやスケジュールなど細かいところは神輿を担ぐ政党や団体の担当者がやってくれる。この場合は環境的には世襲議員と同じと言ってもいいだろう。

知事選などでは、県庁に出向していた官僚出身者が選挙直前に候補者に決まることも多く、候補者本人はあちこち引きまわされて演説を繰り返していて、選挙資金の出入りについては報告すら受けていないことも多い。

自公に加えて野党系の応援を得て知事選挙に立候補したある候補者は、選挙にかかる金銭的なことは一切知らされなかったという。その代わり自分の資金の「持ち出し」もないことを条件に出馬を受諾したので、それ以上知りたいとも思わないと言っていた。実際、選挙中も選挙後も選挙にかかった資金はざっくりとした額として知らされただけで、何にいくら使ったかはわからないという。業者が出してきた見積もりに、議員や秘書がいくら「中抜き」しようと我関せずを決め込んだ。むしろ、そこに関わると自分も火の粉をかぶる可能性が出てくるから、多少内実が見えたとしても、知らん顔するのが得策なのである。

これでは、選挙を経験したといっても実務を学ぶ機会を失っているわけで、同じ構図で戦うとは限らない四年後に、思わぬ落とし穴に落ちる可能性は少なくない。また、「担がれた候補者」は当選したとしても、選挙資金や選挙運動の裏を知っている「身内」を人事などで大事にしておかないと、いつ何時ハシゴを外されるかわからない。少なくとも公選法に関わることに対しては自身でしっかり把握しておくべきだ。その備えができていない候補者の足元は脆弱である。

候補者は公職選挙法違反にならないために何をすべきか

人生を賭けた勝負が、ちょっとした知識不足で公職選挙法違反に問われ、当選無効や公民権停止になる事態だけは避けたい。特に親や家族、周囲に政治家がいない、まったくの新規参入者にとって最大の障壁は、この捉えどころのない公職選挙法である。

現在の選挙制度では、完全な無所属候補、自分ですべてを用意して戦うという候補者が国政選挙や首長選挙に出馬すること自体が難しい。そうした中で無所属が多く立候補し、また当選しているのは、市議会議員など大選挙区(複数の議員を選ぶ選挙区)の基礎自治体議員選挙である。

政党に所属していなければ、公職選挙法も自ら学び取りにいかなければならない。民間の政治塾もあるが、とりあえず「地方議員になるためのマニュアル」「わかりやすい公選法」といった内容の書籍を購入し、見よう見まねでとにかく始めてみる。

最初のアクションは、選挙管理委員会が開催する「候補者説明会」への参加である。この説明会には立候補したい本人や陣営が参加し、立候補に必要な届出書類も配布される。今でこそ一部デジタル化しているが、届出書類は少し前まではすべて手書きだった。立候補には日本国籍を証明する戸籍抄本が必要だが、今はマイナンバーがあればコンビニでも取れる自治体も増えてきた。

こうした立候補届出書類の作成を外注する人もいるが、自力で作成すること、また、他人の選挙の実務をサポートしてこの作業をしてみること自体が、公選法について知る絶好の機会だったと筆者たちは感じている。

選挙運動費用収支報告書でも政治資金収支報告書でも、自分で書いて選挙管理委員会に提出し、訂正するよう指摘を受け(かなり細かいところまでよく見ていて誤りを指摘される)何度か書き直しをして、ようやく提出に至るという一連のプロセスは、徒労だと思う部分も少なくないが、公職選挙法を理解するという観点からは非常に有益だ。

たとえばなぜ選挙運動についてはー部の例外を除いて政治資金団体名義での領収書が受け付けられないか、秘書の労務は無償提供にあたるのか、車上運動員とドライバーの報酬の違い等々、さまざまな点で選挙管理委員会の職員とやりとりを繰り返していく過程で、公職選挙法の理解と問題意識は高まっていく。

ただ、公職選挙法の問題点は、第2章でも指摘したように地域差があるなど、解釈と運用による要素が大きいことで、取り締まる側が「解釈」で違反にすることも事実上可能である。昨日までよかったから今日もよいとは限らない。公選法違反にならないためにも、責任ある公的機関からの言質を取っておくことは必要だろう。

著者（井戸）の場合、まず、当該地区の選挙管理委員会に電話し、自分がやろうとしていることや他陣営がおこなっていることをできるだけ客観的に説明し、違反に問われるかどうか「あくまで一般論」としての見解を聞いた上で、さらに総務省の公選法の係に電話して同じように質問し、担当者の名前を聞いた上で回答をもらうようにしている。

市町村、都道府県、国という三つの役所の担当者に同じ質問をしても、答えが違うことは少なくない。法律事項である以上、結局は上意下達で、総務省の見解が正解に近いことはわかっていても、現場で細かい事案まで多く扱っている市町村の選挙管理委員会の見解も侮れない。そうやって複数の部署に聞いているうちに「腑に落ちる」ことも多い。質問は学ぶ機会でもあるのだ。

選挙に負けないために　グレイゾーンを歩く候補者たち

公職選挙法の条文を読んで理解したと思っても、実際の選挙での判断は違うことが起こり得る。逆に、厳密に対応しようとすると活動に支障が出て、選挙に負けてしまうのではないかと不安を抱き、焦燥感にかられる。そのために多くの活動者はグレイゾーンを歩き、法の網をくぐり抜ける手段を常に考えることになる。

逆説的に言えば、今の公選法の抜け道を知らなければ、よりよい改正ができるはずもない。候補者たちは法が許すギリギリを攻めることが当選への近道と自覚しているからこそ、法律の穴を塞ぐのではなく、自分に都合がいい方向へ広げる努力は惜しまない。公選法を知れば知るほどそうした誘惑も待っているのだ。

一つの例として第2章でも示した「タスキ」がある。規定では、選挙運動のために候補者本人の名前が記載されたタスキは、候補者以外の者が使用することはできないとしている。

復興大臣を務めた秋葉賢也衆議院議員(当時)は、二〇二一年一〇月の衆議院選挙で「秋葉賢也」と大きく書かれたタスキをかけた、明らかに秋葉氏本人より若い男性が選挙期間中に街頭に立っている姿が目撃され、写真を撮られている。よくよく見るとタスキの氏名の上に小さく「次男」と書かれていた。国会で指摘されると、秋葉氏は事実であると認めた。

候補者の家族がタスキをつけ「妻です。」「娘です。」とその存在をアピールすることもある。総務省に確認したところ、選挙運動でタスキを使えるのは候補者本人のみということだった。他の文言が書かれたタスキをして候補者以外が投票依頼等の行為をしてはならないという。

候補者たちはなぜこうした「紛らわしいこと」をやるのだろうか。ひとつ指摘しておきたいのは、政治の世界では「なるほど、その手があったか」「よくぞ気づいた!」とある種の発見、発明のように、むしろ称賛される傾向があるということだ。

今後も、政治活動という名の実質事前運動をより充実させるために候補者たちは頭を絞り、次なる小道具を作り出すだろう。公職選挙法が求めているのは、不正を排し、カネに左右されず、国民の代表を平和裡に選ぶ、民主主義の実現である。候補者たちの本音は「まずは勝たねば」であり、公職選挙法の問題点を知ることが必ずしも改革につながらず、むしろあざとく利用していこうという流れに陥りがちである。だからこそ、有権者が正しい知識とともに、改革すべき点を提起し、政治家を正しながら世論喚起していくことが必要なのだ。

公職選挙法違反事件その1　ウグイスの報酬上限

それでも、選挙違反事件は絶え間なく起こる。中には最も基本的なルールすら守らなかったケースもある。いずれも公選法を熟知しているはずの議員たちが関わった事件である。

まず、二〇一九年七月の参議院選で、自民党の河井案里元参議院議員がウグイスへの法定費用を超えた手当を払い、運動員買収となったケースを見てみよう。

第1章でも触れたように、公職選挙法では選挙運動で報酬を受け取れる人は決まっている。選挙カーの運転手、ウグイスと呼ばれる車上運動員、単純労務をおこなう運動員である。電話かけ、ビラ配りなど有権者への働きかけをやっていいのは、ボランティアだけだ。

支払える額もそれぞれ決まっていて、車上運動員は一日あたり一万五〇〇〇円、運転手は一万二〇〇〇円、単純労務、事務は一万円である。

厄介なのは、たいていウグイスは派遣会社から来ることだ。つまり、一日一万五〇〇〇円の中から紹介料を払わなければいけないのだが、ウグイスには声や話す内容など特殊な技術が必要で、通常は一日三万円、高い人では七〜八万円が相場と言われている。そこに派遣会社のマージンが上乗せされるため、安く見積っても一日三〜四万円かかると言われてきた。

この実質の相場と公職選挙法で決まっている一万五〇〇〇円との差額は、誰がどう埋めているのだろうか。公職選挙法の規制には必ず抜け道があると先に述べたが、この差額は政治活動で街宣カーを回す際に上乗せして支払うのである。つまり、ウグイスには選挙戦が始まる前の政治活動の段階でも来てもらい、選挙本番の練習をしつつ、報酬を一日五〜六万円として、来る選挙期間の分を含めてトータルでの支払いを約束するのだ。こうした手法は全国どこでも同じようにおこなわれており、政治関係者は互いに「見て見ぬふり」をして広く運用されてきたという。

ではなぜ河井氏は逮捕されるに至ったのだろうか。

もちろんお金のない事務所は「ない袖」は振れないから、河井氏には支払えるだけの資金があったわけだ。また、それまで自分を含め周囲の政治家も、同じような違反をしても咎められてこなかったという過去の経験もあっただろう。特に当時は安倍一強政権下で、菅義偉官房長官が直々にやってきて選挙資金をぶち込んだとなれば、多少のことはお目こぼしがあると信じていたのではないか。そこに油断が生まれ、この選挙が六選を目指す岸田派のベテラン、溝手顕正氏を相手とする実質自民党同士の戦いだったことを甘く見たとも言えるかもしれない。

ウグイスの報酬は、たとえ選挙期間中、一日一時間働こうが八時間働こうが一律一万五〇〇〇円である。つまり、一陣営二〜三時間として午前と午後で別陣営を掛け持ちすれば三万円、三陣営を回れば四万五〇〇〇円になる。こうなると何が「買収」にあたるのかわからなくなってくる。むしろ時給換算のほうが明朗会計だし、そもそも労働に見合った対価が上限額と決められていたら、河井氏も逮捕されずにすんだのである。公職選挙法が現状に合った、納得できる基準を示していないのに、変えようという声は上がってこなかったのだ。

公職選挙法違反事件その2　選挙はがきによる投票依頼で議員辞職

衆議院選の候補者届出前に自身への投票を呼びかける文書を不特定多数の有権者に配ったとして、二〇二二年に公職選挙法違反罪に問われた前川清成元衆議院議員（日本維新の会）について見てみよう。前川議員は「選挙区は「前川きよしげ」、比例区は「維新」とお書き下さい」と記したはがきや「例　前川さんへぜひ一票をお願いします」などと書いた封書を三五カ所に送付したことが公職選挙法の事前運動に当たるとされ、有罪となった。

前川議員が送ったはがきは、「推薦はがき」と呼ばれるもので、支援者が知人にその候補者を推薦するというかたちになっている。手順としては、公示前に支援者に知人の宛名を書いてもらい、立候補の届出が完了してから、候補者が発送する。前川氏の行為が「事前運動」にあたるかが争われたが、検察側は前川議員の母校の卒業生名簿をもとに、支持を明確にしている人以外の不特定多数にはがきを送っているため、選挙運動にあたると主張。はがきの「選挙区は「前川きよしげ」」の文言などから、投票依頼の行為だとした。

これに対し、前川氏の弁護側は、名簿をもとにしているものの、これまでに送付を望まない人を除外するなど「支援を期待できる人」だけに送付していると反論。はがきの宛名書きなどを依頼したのであり、投票依頼の目的はなかったとして、許容される準備行為だと主張した。

前川氏はこれで議員辞職したのだが、たった三五カ所に選挙はがきを依頼したことの効果と、議員辞職＋公民権停止という結果を天秤にかけたら、いかにも割に合わない。筆者（井戸）が政治活動を始めた三〇年前には、同じような行為で選挙違反に問われたケースがあちこちで見られたが、ここ十数年はあまり聞いたことがない古典的な違反である。だからこそ前川氏は「大丈夫」と思ったのだろうか。確認を怠ると大きなしっぺ返しを受ける。

「虚偽事項公表罪」に問われないために　フェイクニュースとファクトチェック

有権者が政治家を「推し」としてボランティア活動に参加するとき、最も気をつけなければならないのは相手候補に対する言動である。相手候補を「ディス」ったり「下げ」たりすることも起こるが、それが正確でない場合、公職選挙法では「虚偽事項公表罪」に当たる。当選させない目的で候補者について誤った情報を流した場合、罰金などを科すと定めている。また、名誉棄損や業務の妨害があった場合には、それぞれ罪に問われる。

XやFacebookなどSNSの運営企業の側でも、選挙を妨害する投稿や誤解を招く投稿を規約で禁止していて、違反する投稿の削除を要請したりアカウントを停止するなどの対策をとっているので、推しのつもりが逆効果とならないよう十分気をつけなくてはならない。

特に相手候補や政党に関しての情報がフェイクでないか、ファクトチェックする必要がある。

その際のチェックポイントはいくつかある。

まず、情報源を確かめるということだ。それが伝聞なのか、あるいは「一次情報」なのかで信頼性は大きく変わってくる。また、客観的事実か、それとも発信者の意見なのかも見きわめなくてはいけない。必ず検索して、新聞やテレビなど他のメディアでの情報も確認する。デジタルメディアには時間軸が希薄だという特徴があり、常に「今」である。しかし「今」流れているからといって、情報が最新のものとは限らない。そのポストが発信された時期をよく見ると、五年前、一〇年前だったということも少なくない。また、そもそも情報発信者は誰なのかも重要ポイントで、発信者の目的やフィルターには要注意である。

選挙コンサルタントは公職選挙法を熟知しているか

二〇二四年衆議院選挙で大きく議員数を伸ばした国民民主党の玉木雄一郎代表は、躍進結果を受け、まさに「ネットドブ板が得票につながった」と振り返っている。しかし、玉木氏のように新しいメディアツールに敏感で、本人自身がまめで、ネットドブ板が得意という候補者ばかりではない。そこに登場してきたのが「選挙プランナー」「選挙コンサルタント」である。

選挙コンサルタント自体は以前からいて、ビラ・ポスター作成やポスティング要員、ウグイスや若者ボランティアなどを確保するなど人の差配が主な業務だった。中にはいわゆる「選挙ゴロ」、少々ワケありで表の世界からは引退した元議員やその周辺で暗躍する秘書たちもいた。一九八〇年代までは秘書同士が集まると、入札、裏口入学から交通違反の揉み消しまで、各種「陳情」の裁きについてあけすけに情報交換していたものだ。そうした酸いも甘いも嚙み分けて違反のギリギリを歩き、時には納得ずくで塀の中に落ちる人々が選挙を支えていた面もあった。

近年登場したのはSNS周りの仕事する人々だ。変化するネットの世界に不案内な政治家たちは、自分を三倍、五倍増しに「盛ってくれる」動画を作る人や業者を重宝するようになった。かれらは普段、一般企業の広告や個人顧客のHPやSNS運用などを手掛けており、その商慣行や常識のままで政治の世界に入っている。もちろん、公職選挙法というルールがあることを漠然と知ってはいるだろうが、実践経験がないためピンときていないのだろう。斎藤元彦兵庫県知事とPR会社社長の選挙違反に関する報道が出た時に筆者たちが感じたのもそのことだった。

ある全県選挙に関わっていたときのことだが、若いウェブ担当チームが選対に入ってきた。筆者(井戸)は自分の選挙でお願いすることもあるかと思い、ネット運用の見積もりを出してもらったところ、出てきたのが一カ月半で一一〇〇万円という金額だった。当時所属していた立憲民主党の衆議院選挙の公認料等、選挙の際に資金として党本部から支給される額は約一〇〇〇万円だったから、ネット関連だけでそれを超えてしまう。ところがウェブ担当者は、むしろこちらが「高い」と言ったことに驚いた様子だった。新規分野で相場が定まっていないために、その金額でも発注する候補者がいるということだろう。

その時の仕事はSNS発信が中心で、アクセス数やインプレッションが実際の投票行動にどう繋がるか、また、そもそも自分がやっていることが公選法に触れるかどうかもあまり考えていないようで、少なからず不安を覚えた記憶がある。

選挙専門のＳＮＳ関連業者もいるし、公選法を熟知して対応している良質で能力の高いコンサルタント会社もあるだろう。ただ、国政選挙ともなると大勢の候補者が出るため、結局は需要過多になり、質や自覚の面で問題があるかどうかまで見極められないまま、コンサルタントに発注することになる。

ただ、兵庫県知事選でクローズアップされたように、公職選挙法は、あくまで立案は候補者や秘書等選対幹部がおこない、コンサルタント会社ができるのは画像の作成等の労務だけとしている。それ以外の「主体的・裁量的」な選挙戦術や運用の判断をしたら違法になる。選挙プランを立て、実際の反応を見ながら軌道修正しつつ勝利に導くことこそがコンサルタント会社にとっては腕の見せどころなのだが、そのいちばんの強みを世の中に実績として見せつけることは、公職選挙法上できないのである。また、どの選挙プランナー、コンサルタントを使ったかは今後にも関係してくるので、多くの陣営は明らかにしたがらない。

曖昧な会計処理が実態を見えにくくしている

どの陣営も、ＳＮＳ用の画像や動画の作製費用について、選挙運動費に計上し、選挙運動費用収支報告書に記載するか否かについて頭を悩ませている。

動画の作製費を政治活動費として支払うことは問題ないので、選挙期間に作製したものであっても政治活動時に作製したものと一括して会計処理して、政治資金収支報告書に記載することが一般化していると思われる。選挙運動費用収支報告書に「動画作製費」として業者に支払いをしたと記載したら、兵庫県知事選のように「買収」と疑われるのではないかと危惧しているからだ。

都知事選で二位と善戦した石丸伸二氏の陣営では、ライブ配信業者への支払いをめぐって公職選挙法違反(買収)の疑いが指摘されている。決起集会の撮影と配信をいったん業者に依頼したが、兵庫県知事選のように「主体的・裁量的」な選挙運動に当たるのではないかと陣営内から指摘が出たためキャンセルし、そのうえで業者はボランティアとして撮影・配信をおこなった。しかし、「機材キャンセル料」名目で約一〇〇万円を支払ったという。支払いの名目を変えたことには違反逃れの側面も見え隠れし、市民団体から刑事告発されることとなった。

一方、「AIゆりこ」が公約を語る動画が話題となった小池都知事の二四年都知事選の選挙運動費用収支報告書を見ると、「動画・映像作製費」の外注分として二二四万円を計上している。

最近は、選挙期間内にいかに効果的な動画や画像を流すかが重要とされていて、どの陣営も力を入れている。外注した場合は小池都知事と同様の会計処理をすればいいはずだが、明確な会計上のお手本も見つからない中曖昧な処理をすることで、選挙費用の実態が見えにくくなっている。

これまでは秘書や事務所のスタッフレベルで対応していた運動の中に、SNS等が入ってきたことで、どうしても外部の力を借りなければ選挙が成り立たなくなっている。選挙プランナーやコンサルタントの公職選挙法上の位置付けも再考されなければならないだろう。と同時に、政党も選挙管理委員会も、ボランティアへの指導と同じように、選挙に携わる業者への説明会や遵法を促す働きかけが必要な時期に来ているのかもしれない。

第４章　地殻変動が起きた二〇二四年選挙

二〇二四年は公職選挙法違反から生じた衆議院議員補欠選挙や、組織票も期待でき抜群の知名度を誇る現職参議院議員を、東京ではほぼ無名の地方一般市の元市長が凌駕し「石丸現象」とまで言われた東京都知事選挙、公益通報制度やパワハラ疑惑等で話題になった兵庫県知事選挙、そして何より国政の核ともいえる衆議院の解散総選挙など、注目される選挙が目白押しだった。SNSの活用をはじめ選挙手法や戦略にも変化が見られ、候補者自身でさえ戸惑うことが多かった。「選挙運動のあり方」自体が問われ、さらにそれを規定する公職選挙法への関心が高まっている。

江東区長選挙をめぐる買収事件

二〇二三年四月におこなわれた東京都江東区長選で当選した木村弥生区長（当時）、木村氏を支援していた柿沢未途衆議院議員（当時）が公職選挙法違反で辞職した。木村氏は懲役一年六カ月、執行猶予五年、柿沢氏は懲役二年、執行猶予五年の有罪となった。有罪確定に伴い公民権は五年間停止され、すべての選挙に立候補できなくなった。また、木村氏はこれに先立ち、インターネット広告に関する公職選挙法違反で選挙スタッフが有罪となり、その連座制も適用されていた。

木村氏が問われた違反は二つ。買収と有料ネット広告だ。そこに関与していたのが、衆議院東京一五区（江東区）選出の柿沢氏である。柿沢氏は外務大臣を務めた弘治氏を父に持ち、地元に「柿沢党」ともいわれる強力な支持層を持つ有力な衆議院議員だったが、みんなの党、結いの党、民進党、希望の党などを渡り歩いてきた。無所属だった二〇二一年一〇月の衆議院選挙の直前に首班指名に岸田文雄と書き、自民党から推薦をもらって衆議院議員選挙を戦った。当選はしたものの、長年野党側で自民党と対峙してきたために自民党都連に入ることができず、二一年当時は次期選挙の公認も取れていなかった。

江東区長選挙では、自民党候補ではなく木村氏を応援した一方で、自民党の区議に「陣中見舞い」を二〇万円ずつ届けるよう秘書たちに指示したという。区議らには「木村さんをよろしく」と持ちかけ、これが選挙買収と認定された。

有料ネット広告は違反だが

では、もう一つの違反に問われたネット広告とはどんなものだったのだろうか。

江東区長選挙の期間中、YouTube の有料広告動画に候補者だった木村氏が自ら出演し、「木村やよいに投票して下さい」というテロップ付きで投票を呼びかけた。

木村氏側の説明によると、動画の再生回数は約三七万回で、掲載料金は約一四万円だったという。費用は木村氏のクレジットカードで支払われていた。公職選挙法は、選挙期間中に選挙運動のために候補者の名前を表示した有料のネット広告を出すことを禁じている。

しかし、そこにも「例外」があるというのがいかにも公職選挙法である。政党や政治団体ならば、その団体の選挙運動用のウェブサイトに直接リンクする有料広告に限っては認められているのだ。木村氏の動画も、政党の広告内のリンクを貼った先にあったならば問題はなかった。しかし、別に自民党の候補者がいたため、政党の推薦や公認は取れず、あえて無所属で挑んでいた選挙だったためそれができなかったのだ。

木村氏は記者会見で、自分の政治団体のスタッフが、区長選で木村氏への投票を呼びかける有料動画広告を動画投稿サイトに出していたと認めた。スタッフから「ネットでの選挙運動が効果的」などと持ちかけられて「ちゃんとやってね」と応じたと説明。木村氏は「監督不行き届きだった」と謝罪した。

このケースも第3章で触れた前川清成氏の「選挙はがき」と同様、ネット広告が当選にどれだけ寄与したのか測ることはできない。候補者としては、やれることは全部やりたいとの思いだったことはわからなくはない。

二〇二一年の衆議院選挙で東京一五区で出馬し、柿沢氏と戦った経験者として言えば、自民党の大臣経験者である父の地盤がありながらも、野党系に軸足を据えて政治活動をしてきた柿沢氏はアイディアマンで、広報宣伝活動に関しては他に抜きん出て成果を上げていた。選挙事務所も深川地区で最も目立つところにかまえ、他を圧倒していた。江東区内で目にする柿沢氏のポスターは、デザインもさることながら、場所の選定、貼り方、いずれも計算されていて、貼り出されている数も段違い。他の活動者とは一枚も二枚も上手であることを感じさせた。

柿沢氏の「選挙巧者」のイメージは、木村氏を信用させるに十分だっただろう。柿沢氏は朝日新聞の取材に対し、木村氏の「陣営関係者」に「『YouTube 広告は効果があるからやった方がいい』と勧めた」と答えている。ネット戦略についても、柿沢氏の後援者には詳しい専門家がいて、常に新しい手法を模索し実践していた。だからこそ、そこでつまずいたとも言える。

東京一五区補欠選挙　つばさの党による妨害行為で混乱

柿沢氏の衆議院議員辞職に伴い、二〇二四年四月二八日投開票の日程で、衆議院東京一五区補欠選挙が実施された。公職選挙法違反によっておこなわれることになった選挙が、さらなる違反を生み、混乱を起こしたことは皮肉である。この補選は九人が立候補する混戦となった。

選挙後、警視庁捜査二課は、他陣営の選挙運動を妨害した公選法違反（自由妨害）の疑いで、政治団体「つばさの党」代表と幹事長、幹部の三人を逮捕・起訴した。

つばさの党は、他陣営の街頭演説に乗り込んで、拡声機を使って大音量で候補者を問い詰めたり、選挙カーを車で追いかけるなどした。警視庁は公職選挙法に基づく警告を出したが、その後も妨害を継続した。

これまでも選挙が公示・告示された後の妨害行為はないわけではなかったが、今回のように公然とおこなわれるケースは少なかった。さらにつばさの党は、妨害の様子を「朝からカーチェイス　見つけ次第バトル」などのタイトルを付けてライブ動画として公式 YouTube チャンネルで配信した。合計再生回数は二五〇万回を超え、広告収入も得ていた。

特筆すべきは、妨害をしているのも候補者なので、選挙カーやマイクを使った選挙運動が認められており、選挙中に行動を規制することは難しかった点である。それが一層の混乱を招いた。

東京都知事選挙　ポスター枠　当選を目的としない立候補

一五区補選が終わってまもない二〇二四年六月には、過去最多の五六人が立候補した東京都知事選がおこなわれ、現職の小池百合子氏が三回目の当選を果たした。投票率は六〇・六二％で、前回を五・六二ポイント上回り、平成以降では二番目に高かった。

得票率は当選した小池氏が四二・八％、二位の石丸伸二氏が二四・三％、三位の蓮舫氏が一八・八％という結果で、上位三人で有効投票総数の八五・九％を占めた。その他の五三人の得票は有効投票総数の一〇分の一に達しなかったので、供託金一人あたり三〇〇万円、あわせて一億五九〇〇万円が没収され、東京都に納められた。

この選挙では、選挙ポスターの掲示板に候補者と無関係な広告などを並べる「掲示板ジャック」が問題になった。ある政治団体が二四人の候補者を擁立して掲示板の枠を確保し、「寄附」をすれば誰にでも自由にポスターを貼らせるとして、事実上、掲示板の枠を販売したのである。結果的に一〇〇〇カ所分が譲渡され、犬や猫の写真、性産業店の広告などに利用された。

公職選挙法では、虚偽や誹謗中傷でない限りポスターの内容に規制はない。

一九七六年の最高裁判決は、選挙管理委員会がポスターの内容を審査して取り消しや修正を命じることは、候補者の政見や主張への介入になり、選挙の自由公正を害するという判断を示している。しかし、そもそもポスターを貼る枠が売買され、候補者以外の人物が、選挙と直接関係のないポスターを掲示することを、公職選挙法は想定していない。

選挙ポスターは、金権選挙を防ぐための公費助成の対象である。「選挙の自由」を謳いながら、制度の穴を突いて収益事業をおこなう由々しき事態が起きているのだ。

これを受けて国会では与野党が二〇二五年通常国会で改正案を議員立法として採択した。改正内容は、ポスターの表面に候補者の氏名を「選挙人に見やすいように記載しなければならない」と明記することや他人の名誉を傷つけたり、善良な風俗を害したりすることを「品位を損なう内容」として禁止し、営利的な広告や宣伝をした場合は、一〇〇万円以下の罰金とする。

また、改正の議論では政見放送と選挙公報についても、候補者に「品位保持の徹底」を求めている。街頭演説を妨害する行為については「「言論の場」を壊し、表現の自由の範囲を超えた選挙妨害となりかねない」、「悪質な自由妨害に対しては、選挙期間中であっても、法と証拠に基づき厳格な対応に当たるべき」だとし、警察に迅速で適切な対応を求める内容となっている。

また、大量の候補者が出たことで掲示板枠の不足という問題も起きた。都の選挙管理委員会はクリアファイルを用意するなど苦肉の策でなんとか公平を担保しようとしたが、結果的には公営掲示板にポスターを貼れない候補者が出た。今後は、デジタルサイネージの活用やポスターを選挙管理委員会のＨＰに掲載するなど、不公平が起きないような工夫が必要だろう。

兵庫県知事選挙が示すこと

「兵庫県知事選で公職選挙法違反　二件を書類送検／兵庫県」

インターネットの検索エンジンを見ているとそんな見出しのニュースが飛び込んできた。詳細をクリックすると、「実の兄になりすまして投票(詐欺投票)」、「選挙運動用ポスターに落書き(自由妨害)」というもので、頻繁とは言えないものの、ままある公職選挙法違反である。

また、この発表と同時に知事選の取締本部は解散したと報じられた。選挙違反を取り締まる捜査本部は、当該選挙の前後一カ月を目安に立ち上げられ、閉じられる。選挙に関わる人々は、ここで事情聴取等がなければ、自分には違反がなかった、もしくは見つからなかったと、ほっと一息つくところだ。

ただ、次章で見るが、告発された事件については、もちろん捜査は継続する。

兵庫県知事選挙で全国的に注目されているのは、候補者自身が意図しないにもかかわらず巻き込まれているケース、そして主体的に関わったとされるケースである。

その一つは「選挙妨害」だ。落選した稲村和美候補の後援会が運営する公式Xが、選挙期間中に二回凍結された。稲村氏の後援会は「Xの運営側に不特定多数が「嘘の通報」をしたことが原因」「不当な選挙妨害だ」として、公職選挙法違反などの疑いで刑事告訴・告発した。警察はこの告発を受理し、通報したアカウントの特定を進めるなど経緯を捜査する方針だという。

当選した斎藤元彦知事の周辺は選挙後も落ち着かない。第1章の「選挙運動費用」の項目で触れたように、斎藤陣営の選挙に携わったPR会社社長に対する「買収/被買収」の容疑で、斎藤知事と社長に対する公選法違反容疑の告発状が神戸地検と兵庫県警に出されて受理された。

候補者自身が公職選挙法違反に問われることは、それほど頻繁にあることではない。第6章で詳しく述べるが、ＳＮＳをはじめ選挙に影響を与える新たなメディアが登場し、環境が変わる中で、候補者自身や事務所スタッフだけでは対応しきれず、新たなプレイヤーが必要になる。しかし、技術的に対応できたとしても、公職選挙法に照らしてそれが合法か違法かを判断できるような知識を持っているとは限らない。

斎藤知事は、ネット周りは自分ができないと判断し、専門家に任せたのであろう。それをＰＲ会社社長は「広報全般を任されていた」と主張し、選挙用の写真撮影やキャッチコピーの提案、ＳＮＳアカウントの運営、ハッシュタグの考案などを手掛けたことを明かした。

兵庫県知事選挙で起きている事態は、おそらく斎藤知事陣営に公職選挙法を十分理解した人材がいなかったこと、また、選挙に関わった業者や運動員も公職選挙法についての知識、認識が決定的に不足していたことを示している。選挙戦が盛り上がっていることで本来気をつけるべき事柄に目が届かなかったのではないか。

また、知事選に関連して兵庫県議に対する「名誉毀損」で聴取を受けたのは、「二馬力選挙」、斎藤知事への支持を広げる目的で出馬したと公言する「ＮＨＫから国民を守る党」の立花孝志党首だ。自分自身の当選を果たすために選挙運動するはずの候補者が、他候補の当選のための出馬だったと堂々と発言したことに、驚いた人は多かったのではないか。街頭演説でマイクを使える、選挙カーを運行できるといった、候補者だけが持つ権利を、他候補の落選あるいは当選運動にすり替えることは、現行の公職選挙法では想定されていない。

「会計責任者は父」の意味

斎藤氏は総務省出身なので、選挙実務についても他の候補者より熟知していると思われがちだが、実際にはそうでもないようだ。第3章でも触れたが、一度でも立候補届出、また選挙運動費用収支報告書、政治資金収支報告書を自分で作成し、選挙実務を経験すれば、違反に問われる／問われないの境目が体感でき、どこに線が引かれているのかがわかってくるはずだ。

今回の一連のやりとりを見ていると、前回二〇二一年の初陣では、選挙実務は推薦を受けた自民党、維新他の政党に任せきりの「担がれた候補者」だったであろうことがうかがえる。

第3章で触れたが、県知事選挙のような大きな選挙では、無所属の候補者に相乗りで公認・推薦した政党や団体が選対を組み、候補者には「カネを触らせない」で、選対で入出金や会計報告まで一手に引き受けるのが一般的だ。

ただし、選挙運動費用収支報告書に記載する「会計責任者」については候補者の親族等にしてほしいと要請されることが多い。第5章で詳しく述べるが、長く候補者と苦楽をともにして忠誠を誓った秘書でもない限り、何かあったら、公民権停止等のリスクも含めて責任を取ってくれる奇特な人はそうはいないからだ。

斎藤氏の場合、二〇二一年も二四年も斎藤氏の父親が会計責任者として登録されている。余談だが、違反していないという自信がある場合や、あるいは他に頼むことができない場合は、候補者が自らを会計責任者にするケースもある。会計責任者の欄を見れば、どんな政治家かがそれなりにわかるのだ。

斎藤知事側は買収の疑いについて、代理人弁護士が「公選法に抵触する事実はない」とコメントを発表したが、肝心のPR会社社長は、問題のnoteを何度も書き換えた上、何のコメントも出していないので、今のところ真相はわからない。

重要なのは、この社長が自ら「証拠」を残していることである。第5章でも触れるが、選挙運動についての資料や記録は、どんなにもったいないと思っても、一切を「燃やす」のが原則だと言われてきた。それをわざわざインターネット上で公開したことは、筆者を含め選挙に関わってきた多くの人を驚かせた。「魚拓」も取り放題、ネット民が喜ぶネタを提供しているのだから、オウンゴールと言われてもしかたがない。

もう一つ違和感があるのは、斎藤知事の自覚である。パワハラ疑惑や死者も出た公益通報問題、知事の不信任などで、日本中から注目されている選挙に出馬する候補者ならば、念には念を入れるはずではないか。候補者が直接業者とやりとりするのを避けて、必ず秘書や代理を経由するのが常識なのに、自らPR会社のオフィスを訪れている。今回の選挙では十分なスタッフが集められず、斎藤氏が自分ですべての実務を仕切っていたのだろうか。これも「担がれた候補者」の悲哀かもしれない。

再選した知事に立ちはだかった公職選挙法

公益通報制度に関連する元県民局長の死や百条委員会など、日々ニュースで話題になればなるほど、県民は「ほんとうのこと」が知りたくなる。

「濁」の中に実は「清」があるかもしれない、稲村氏が県知事になったならば、本当のことを知る前に決着がついてしまうのではないか、といった心理も働いたのかもしれない。

当初、大きく水をあけて勝利すると思われていた稲村氏だが、途中から斎藤氏優勢の報道が出始め、兵庫県内二二市長は慌てて稲村氏の支持を表明した。稲村氏が市長として県内の自治体と良好な関係を築いてきたことの成果とも言えるが、これがいかにも既存政治をなぞったように見えて反発を呼び、敗戦は決定的になったと見る識者もいる。

日々の選挙戦がライブ中継のように詳細に発信されていく。「切り抜き」と言われる動画配信が拡がり、選挙の流れが変わっていくという実感、確定とさえ言われていた結果を覆す快感――。それは今の日本を覆う閉塞感に対する国民の渇望から生じたもので、これまでの選挙の常識では考えられなかった結果をもたらした。

ただ、それで終わらなかったのが兵庫県知事選挙である。

誰よりも早く、みんながうらやましがるような投稿をしなければならない。自分たちの能力を顕示し、承認を得たい。次の仕事につなげるためにも、今がアピールし時だ――。劇的な再選に立ちはだかったのが公職選挙法である。

国民は、自分たちの何気ない行動、たとえばYouTubeを見たり、Xで「いいね！」をするだけでも、大きなうねりにつながっていくという体感を得た。この体験はこれまで選挙で動かなかった層を目覚めさせた。この流れはしばらく変わらないだろう。重要なのは一過性の浮わついた変化ではないということだ。二〇二四年、まさに地殻変動が起こったのである。

第5章　選挙違反捜査はこう進む

選挙違反はいたるところに

選挙の投開票日、投票箱が閉まった午後八時、一斉に選挙事務所に捜索が入る、いわゆる「ガサ入れ」シーンのニュースが記憶に残る人もいるのではないか。

かつて、候補者たちはガサ入れを見越して、やましいことがなくても、選対の組織図・連絡先、予定表や応援依頼等一切の文書などを運動員の実家等、足のつかないところに運んだり、焼却することが、「常識」とされていた。さらに、選挙違反に問われるかもしれないという自覚がある者は、選挙終了を待たずに「旅に出る」。つまり、警察が来ても連絡がつかないよう、事前に準備していたのである。それでも警察の事情聴取となったら、「何を聞かれても大丈夫なように口裏を合わせておく、そこまでが選挙だ」。筆者(井戸)は大学生だった一九八〇年代に選挙に関わるようになったが、そう教えられたことをよく覚えている。さらに、二〇〇三年の自身の最初の選挙では三〇〇〇票を買わないかと持ちかけられたこともある。

また、二〇〇九年にいわゆる「直衆《ちょくしゅう》」(地方議員を経ず、直接衆議院選挙に挑戦すること)だった筆者(三村)は、選挙後に特に親しくもない関係者から「電話作戦」をおこなった費用として二〇万円を請求された。もちろん違反だと指摘して支払いはしなかったが、公職選挙法を理解していなかったならばその後の関係を維持するために払っていたかもしれない。このように、新規参入した候補者たちにはあちこちに落とし穴や地雷が待ち受けており、細心の注意が必要だ。

最近では防犯カメラやGPSの機能が発達し、スマートフォンの普及で写真や動画の撮影が簡単になり、メールばかりかSNSなど通信手段も多様である。筆者二人の体験はどれも対面での、まるでテレビドラマのようなアナログなやりとりだが、さまざまに情報網が発達した現在では、デジタルで残されたやりとりや足取りを消すことは難しい。印刷物は焼却したらなくなるが、それを作成したパソコンを押収され、復元されたら終わりだ。また、メールやLINE、メッセンジャーでのやりとりは送信元だけではなく、相手先、着信側にも残る。スマートフォンでの録音も簡単な現在では、すべてのやりとりは第三者が聞く可能性があることを前提にする必要がある。

違反を疑われている場合、その陣営の運動員やボランティアに対する警察の事情聴取は、選挙直後ではなく、少し間を置いた頃におこなわれることが多い。事情聴取の前に、客観的な証拠が収集されていると考えていいだろう。

筆者二人は、陣営に捜索が入ったことも、自身だけでなく一人の事務所関係者も事情聴取を受けたこともない。しかし、知人の陣営で逮捕者を出したケースを少なからず見聞きしてきた。

ある事務所では選挙違反に問われたときに備え、事前に逮捕される人の順番を決めていた。警察と交渉して、逮捕者が一人ならこの人、三人ならそれに加えてこの人とこの人、といった具合である。多くの場合、逮捕されるのは古参の秘書である。公職選挙法違反に問われると五年間の公民権停止等になるため、秘書だった場合は公設、私設を問わず職を失わざるをえない。もちろんその間の収入と復帰後の職は必ず保証される。また、公民権停止ならば選挙に関わることはできないから、本来は選挙事務所に顔を出すこともできないはずだが、かれらがいなければ選挙は回らないので、多くの場合出入りは黙認されている。

また別の陣営では、ビラ配りの人員が集まらない場合にボランティアと称して、実際には時給を払う約束をしたアルバイトを雇っていた。割りのいいアルバイトと思って深い考えなしにやってきた学生が事情聴取され、さらには戸別訪問したとして逮捕されたこともあった。その学生は就職も決まっていたが、内定は辞退、その後の人生は思ったものとは違う道を歩むこととなってしまった。こうした違反はあとをたたず、二〇二四年の衆議院選挙でも、口頭などで複数人に選挙運動の報酬として時給一五〇〇円を支払うと約束したとして、候補者が逮捕されている。

聞き込み、尾行、聴取

取締機関、主に地元警察の捜査二課は日頃から政治家に対して一定の関心を持って観察していて、選挙が近づくと、選挙対策本部が立ち上がる前から尾行等の内偵を始めていると、政治界隈では常識のように言われている。主な目的は選挙違反の摘発だから、なるべく新人などの「違反しそうな陣営」、「あと少しテコ入れをすれば当選が見込める陣営」、そして「カネ回りの良さそうな陣営」、つまり「無理をしている」ところを重点的に見ている、というのだ。

そうした目で見てみると、確かに、選挙期間に突入する前から後援会集会や街頭演説会に来て、時にはビデオ撮影をしている「いつもは見かけない人々」がいる。相手陣営か警察のどちらかだろうが、警察の場合、互いに認識できるように背広のボタン穴にクリップをつけているといった「都市伝説」のような話も出たりする。また、候補者の側でも集会に誰が来ていたかの記録は、後で重要な証拠となる。

ストーカーの正体は?

以下は筆者(井戸)の実体験である。

衆議院が解散して、いよいよ選挙に突入という時期だった。選挙の準備で地元の女性秘書も連日遅くまで事務所で作業を続けていた。ある日の午前中、その秘書が出勤せず、電話にも出ない。昼頃にようやく事務所に来て、ここ数日、知らない男性につけられていて、昨夜はいつもの帰宅路を変えてタクシーに乗ったが、相手もすぐにタクシーをつかまえ、付いてきたという。自宅の場所も知られているから怖くてたまらない、ということだった。

選挙まで時間もなく、彼女がいなくなったら大幅な戦力ダウンだ。何よりも、ストーカー被害にあった彼女の心身が心配で、すぐさま所轄の警察署に電話して、対応を要請した。とりあえず、その日も仕事を終え、別の秘書が彼女に付き添って家に戻った。また、警察が事務所近辺を警戒してパトロールを強化し、ストーカーについても調査してくれるとのことだった。

ところが、その日もストーカーは登場した。警察が対応してくれるはずなのに放置されているとはどうしたことだろうか。厳しく取り締まってもらわなければならないと、上位の組織に連絡し、状況を調べてもらった。

「すみません」

返ってきたのは意外な答えだった。〝ストーカー〟はなんと所轄の警察署員で、選挙違反の取り締まりに関する新人研修の一環で尾行をしていたというのだ。それにしてもストーカーに間違えられるほどあからさまな尾行はいかがなものかと抗議すると、秘書への尾行は一切止んだ。

また、選挙中に、ある候補者と駅前での活動がバッティングした時のことだ。突然その候補者が地面に横転し、大騒ぎになった。筆者の陣営のスタッフから暴行を受けてケガをした、警察に被害届を提出するというが、スタッフに確認すると、候補者には触れてもいないという。

警察で事情を話したところ、スタッフの証言が正しいことが証明された。証拠の一つは駅構内の防犯カメラの画像、さらに、騒動が起こった時に数名の警察官が張り込みをしており、一部始終をかれらも見ていたというのだ。張り込みの対象は相手候補者だった。ちなみにこの候補者は、せっかく当選したものの公職選挙法違反ではなく、保険金詐欺事件で逮捕されることとなった。街頭でのケガ騒ぎと同じように、自作自演して保険金をだまし取っていたのである。

また、捜査二課の現場担当者から教えられたことがある。

「先生、あの人、信頼してますか？」

「あの人」とは筆者の選挙を手伝ってくれていたある議員のことだ。「先生のところで万歳した後、すぐに相手候補のところに行ってますよ」

選挙運動に関わった人の投開票日前後の行動には多くの情報が詰まっている。特に当日や翌日の候補者の足取りを追えば、選挙で「誰にいちばん世話になったか」、つまりその候補者の資金や票が何に支えられていたかが如実にわかるという。捜査員は続けてこう言った。「シルバーシートを二人分使って居眠りする姿も国民の代表としていかがなものかと思いました」。公職に就く人が、それにふさわしい行いをしているか、尾行や内偵で情報が積み上げられていく。

こうやって状況証拠を揃えた後で、個別の事情聴取が始まる。

事情聴取はたいていの場合、突然自宅に警察がやってきて、所轄の警察署まで来るようにと求められることから始まる。

大阪で知人の選挙を手伝った関東在住者のケースを紹介しよう。彼は大阪で立候補した知人のために、他の友人と一緒に一カ月ほど手伝いに行き、選挙の後すぐに首都圏にある自宅に戻っていた。選挙が終わって一カ月以上経ったある日のこと、突然、自宅のドアホンが鳴った。

「大阪府警です」

府警の刑事から事情聴取のため近隣の警察署に来てほしいと言われ、やはり首都圏に住んでいた友人にも同様に府警が接触し、二人で警察署に行って、それぞれ事情聴取を受けた。

この時点で警察はすでに多くの証言や証拠を押さえている。その確認作業として事情聴取され、調書に署名捺印をさせられて、選挙違反事案の証拠として提出されるという流れだ。

このケースでは、ビラの作成が事前運動にあたるのではないかという疑いでの聴取だった。確かに作ったのは聴取を受けた人だが、別の人の指示を受けてやったことだった。どう考えても指示を出した人が違反者だが、結果は別の選対幹部が書類送検され、公民権停止となった。やはり逮捕される人を事前に決めていたのである。

多くの場合、こうした選挙違反事例の発端は「リーク」、いわゆる「タレコミ」だという。より正確には「内部リーク」だ。もちろん相手陣営から、というのもあるが、特に立件につながるケースでは、当然ながら「最も濃い」情報は事情をよく知る身内からもたらされる。候補者やその周辺の人々の生活態度や日常の行動、素の姿を目の当たりにしたことで義憤に駆られてというケースもあれば、虎視眈々と将来の選挙を見据えながら、権力闘争の果てのリークもある。

収支報告書から見えてくるもの

政治家を一度でもやり、自分で収支報告書を作成したことがある人は、他の政治家の収支報告書を見れば、どこを曖昧にしていて、触れられたくないのかがわかるはずだ。

ただ、政治活動と選挙運動は分けられているので、政治資金収支報告書だけではカネの動きの実態まで見ることはできない。したがって、基本的にはその政治家が関わる政治団体すべての収支報告、また選挙の年には選挙運動費用収支報告書を付き合わせてみることが必要である。

寄附をした個人や団体の側の資料と付き合わせることで、矛盾が可視化する場合がある。清和会を中心とする自民党のパーティ券の「裏金」は、まさにその矛盾が噴出した形となった。

候補者たちが管理し、政治活動や選挙の際に支出するお金は大まかに、平時(政治活動)と戦時(選挙運動)に分けられ、収入は自分が持ち出す自己資金、選挙資金パーティなど事業収入として集める資金、献金、派閥から支給されるお金、政党助成法により交付される政党交付金や選挙の際の公費助成など、税金から支払われる収入とに大別される。

二〇二四年の衆議院選挙で、自民党の候補者には選挙直前に二〇〇〇万円が振り込まれたと報道されたが、選挙前にまとまったお金を自党の各支部に支給するのは自民党だけではない。立憲民主党では五〇〇万円、日本維新の会では三〇〇万円、国民民主党では一〇〇万円～二〇〇万円が支給されたと言う。この他に供託金相当額三〇〇万～五〇〇万円が振り込まれる場合もある。

面白いのは、いまだに現金でのやりとりの習慣が残っているということだ。特に派閥からの支給は現金だという。二〇二四年の段階でも幹部の誕生会に呼ばれて行ったら地方の銘菓がお土産として配られ、その箱の下に白封筒があり一〇万円の現金が入っていた、そうしたことがおこなわれているのだ。お金の重みとそれに伴う相応の〝縛り〟を可視化するには、やはり現金以上の方法はないのである。決してやましいお金ではなくても、現金での授受はどこか秘密を共有しているという〝一体感〟につながる。組織への忠誠を担保させる意味でも大事なのかもしれない。

では、このお金はどう処理をしたらいいのだろうか？　現金で、ということは、出した人ではなくて受け取った人の判断となる。公職選挙法では買収、政治資金規正法では不記載となるが、多くの場合報告書からは見えてこず、つながりがわかりにくい。たいていの場合は見過ごされる。公職選挙法は公平・公正な選挙の実現のため、政治資金規正法は公的な存在である政治家や政党のお金の使い道を透明化し、規則に則った使い方をするよう正すためにある。だからこそ「規制法」ではなく「規正法」なのだ。

有権者にきちんとチェックをされているという「圧」がなければ、議員が党内外の権力に絡められ、歪んだ構造の中でその行動が縛られていくおそれもある。二〇二四年の選挙で問われた

「政治とカネ」、パーティ券の売り上げを不記載とし収入を「裏金」としたことはまさに象徴的だ。

公費助成の意味

日本は「選挙公営制度」を採用し、お金のかからない選挙制度を実現するとともに、候補者の選挙運動のための経費の負担をできるだけ軽減することで、立候補の機会と、候補者間の選挙運動が公平になるようにしている。

具体的には、選挙カーの使用、選挙運動用ポスターと選挙運動用ビラの作成については、一定の金額を限度として、公費から支払うことができる。

ただ、供託物没収点(各選挙で個別具体に決まっている。概ね、有効投票総数の一〇分の一)に達しなければ、公費助成は受けることができず、かかった費用全額が候補者の自己負担になる。

公費助成では、候補者ではなく、候補者が選挙管理委員会に届け出た契約業者に支払われる。多くの陣営では選挙が終わってから収支報告書とともに提出しているが、公費助成の書類は八種類もあり、特に選挙カーの運転手については、毎日違う人を申請する陣営もあり、書類を確認するだけでも選挙管理委員会にとっては膨大な作業になる。

不備があればその陣営に連絡して修正させるが、このチェックには結構時間がかかる。たとえば東京都選挙管理委員会の場合、一〇月下旬の選挙で年明け初日に連絡がきた。つまりチェックに二カ月かかったわけだ。それを受けて陣営では修正を提出するが、他の陣営も含めて公費助成の書類がすべて揃ってからでないと助成を受領するには至らない。作業が煩雑、支払いには時間がかかるという事情から、選挙業務に対応できる業者は限られてくる。特に燃料費などは申請が面倒で、しかも入金日が確定しないので、筆者の地域でも過去には対応していたガソリンスタンドが受け付けなくなり、一つの業者にすべての陣営が集中するということも起こっている。

公費助成では、不正申請が疑われるケースも見受けられる。特に、ビラの印刷費や選挙カーのレンタル代については、ブラックボックスではないかという指摘がある。

たとえば、選挙カーの看板の取り付けは、準備作業として選挙開始よりも前にやっておくのが普通だ。この費用についても一緒に丸めて請求しますよと、レンタル会社から提案される場合もある。本来は、看板取り付けの分はレンタル代そのものとは別に払わなければならないし、選挙準備活動として選挙運動費用収支報告書に記載しなくてはならないはずである。ところが公職選挙法は、選挙カーの使用準備の費用については、なぜか「選挙準備」(一九七条)として記載しなくてもいいとしている。そうなると、レンタル会社の提案通りレンタル代と看板取り付け代を「丸めて」請求された候補者が、取り付け分を除いて公費助成を申請しているのかどうか、選挙運動費用収支報告書を見てもわからないということになる。公職選挙法自体が、不正を見つける道を塞いでいるのだ。なぜ、それを記載しないでいいのか、規定が生まれた経緯は定かではない。

大選挙区ともなると公費助成は相当額になる。そのため、県連などの組織の中で選挙について実権を握っている政治家が差配して、「中抜き」や業者からの「献金」の手法で何らかの利益を得ているのではないかという疑念が常につきまとう。実際、ある候補者は、ビラ代等の見積もりに納得がいかず、別の業者を使うと言った途端、それまでの組織的選挙支援等が打ち切られたという。公費助成を自分の権力拡大に使っているとしたら、選挙の公平どころか、本末転倒だろう。

誤認逮捕　冤罪事件

さて、捜査機関は証拠を積み重ねて公職選挙法違反事件を立件、有罪へと導く。

一方で、公職選挙法違反で逮捕されたが、冤罪が問われた事件も少なからずある。

たとえば「志布志事件」。二〇〇三年四月一三日施行の鹿児島県議会議員選挙で当選した、鹿児島県曽於郡志布志町（当時）の候補者本人や家族、住民一三名に対して買収などの公職選挙法違反の嫌疑がかけられた。しかし、一連の事件は冤罪だった。

二〇〇七年に無罪判決を受けた被告人たちは、鹿児島県警の警察官らによる強要や脅迫などの違法な取調べや弁護権の侵害、違法な捜査、違法な起訴があったとして、鹿児島県および国に対し国家賠償訴訟を起こし、二〇一五年、賠償を命じる地裁判決が下っている。

なぜ選挙という行為を通じて冤罪事件が起こったのか。検証と再発防止は重い課題となった。この事件が無罪となったことで、鹿児島県警では長時間の取調べが減った。その一方で公選法違反事件の摘発は大幅に減っている。犯罪自体は厳重に取り締まらなければならないが、こうした捜査の過ちによって本当に捕まえるべき犯罪者が捕まえられていないのでは、と冤罪当事者たちは指摘する。また、公職選挙法違反が一部では、交通違反と同じように運不運で捕まる人と捕まらない人がいる、と認識されている現状にも危惧を示している。意図的、属人的な取調べや立件は、公平・公正な選挙を阻害するだけでなく、冤罪を生む可能性がある。それを防ぐためにも、候補者だけでなく一般有権者も公選法に関する正しい知識を持つことが重要なのだ。

ネット選挙時代の取り締まり

デジタル技術の発達に伴って、公職選挙法違反はどのように取り締まられるべきだろうか。

筆者(井戸)は選挙期間中、引用や返信のかたちでXに誹謗中傷を頻繁に投稿され、警察に被害届を出したことがある。その後、弁護士を通してやりとりをし、投稿していた相手の特定もできたが、相手が反省していることなどから被害届を取り下げた。当然自分で集められるだけの証拠を提出したのだが、警察から見せられたのは、想像をはるかに超える詳細な証拠だった。その地道な積み重ねには驚かされたが、この時の知見は、その後に発覚するいくつかの事件の立件に少なからず共有されているのではないかと思う。ネット選挙において何が違反かなどの判断が定まるまでには、それなりの事例の積み重ねや判例等の実績も必要だろう。

警察庁は二〇一三年の参議院議員選挙で、ネット選挙の解禁に伴い、各都道府県警察のホームページ上に専用窓口を設置し、ネット選挙に関するなりすましや誹謗中傷など違反行為の情報提供を受け付け始めた。警視庁はサイバー犯罪対策課の捜査員を取締本部に投入したが、その数は捜査員約二〇〇〇人に対してたった二人。その後もサイバーセキュリティに関する警察の人材不足は民間との給与格差の問題もあり深刻で、各都道府県警察で専門捜査官を採用しているが、求める人材が集まらず、採用に至らないケースも多い。取り締まる側の体制強化がいまだに十分でないことが浮き彫りになっている。

第6章　ネット選挙　岐路に立つ公職選挙法

現場で感じるインターネット選挙解禁による影響

二〇一三年の公職選挙法改正で、日本における「インターネット選挙運動」が解禁された。改正の目的は、投票率の向上、またお金のかかる選挙からの脱却だ。また、これまでは政治家の実相や掲げる政策に潜む裏表の思惑などの情報に触れることができるのは、政党関係者や新聞・テレビ等マスメディアに所属する人などに限られていた。それが、政治家による動画配信やネット番組への登場など、メディアを介さずに誰もが頻繁に政治家の肉声に触れることができるようになれば、政治への理解は深まり、より公平・公正な選挙の実現に近づくはずだ、と期待された。

この改正によって、二〇一三年七月におこなわれた参議院議員選挙以降、インターネットを活用した選挙運動が開始された。それまで「インターネットを活用した政治活動」といえば「ブログの更新」が主だった。筆者(三村)はそれに加えて、一般有権者にはわかりにくい政治資金の出入りとその解説を「ミムラの貯金箱」として公開していた。当時の政治活動者の中には、そうした他では得られない、むしろ隠しているようにも見える情報をHPにアップすることで、インターネットを使いこなす新しいタイプの政治家だというアピールができると思った者も多かった。

また、当時、「ネット献金」も話題になった。その中身はたんにHPに「ネット献金」のボタンを加え、月々、もしくは一括で政治献金をクレジット決済するといった単純なもので、「ネット選挙」と言えるようなものではなかったが、それでもHPを使い、対面ではなくネットを経由してやりとりすることが最先端の政治活動だと思われていたのである。

それでもネット選挙解禁前は、公示日の前日にブログやSNSなどの更新を一切停止しなければならなかったし、選挙期間に入れば、数や配布方法が決まっているビラや掲示板や政党公認者が貼れるポスター、街宣車や街頭での演説といった、きわめて限定的な活動しかできなかった。

しかし、ネット選挙解禁直後におこなわれた二〇一三年参議院選挙以降は、ビラやポスター等の枚数や配布についての制限は変わらなかったが、ウェブサイトやSNSなどを更新し、選挙の様子をリアルタイムで発信することも可能になった。二四時間インターネットを使って、分量を気にせず情報を共有することができるようになったのは大きな変化だった。

候補者たちはHPを更新するだけでなく、選挙期間中に一斉メール送信ができるようにこれまで名刺交換した人々のメールアドレスを整理するなど、こぞって対策を始め、FacebookやTwitter（当時）などのSNSでの発信等を開始した。ところが、思ったような変化は起こらなかった。ネット選挙に意欲的に取り組むことは「新しいメディアに敏感」といったイメージアップには多少貢献したとしても、選挙結果を左右するものではなく、また有権者側もそうした情報にアクセスできる人たちはまだ限られており、ネットでの盛り上がりと実際の得票には乖離があると見られていた。

二〇一三年当時、たとえばアメリカの大統領選挙等を見れば、ネットを利用した選挙運動の比重を上げていくべきだということは誰もがわかっていた。一方、日本を見渡せばプレイヤーとなる政治家たちは高齢者が多い上に、投票率も年齢に比例して上がっていく状況で、相変わらず従来のアナログな選挙が基本だった。政治家だけでなく国民の側も、インターネットを通じて選挙についての情報を受ける準備がまだできていなかったとも言えるだろう。デジタルネイティブ世代が有権者となる、もしくは世論に影響を与えるに至るには、まだ時間が必要だった。

一六年、アメリカでは予想を覆してトランプ大統領が誕生。インターネットがその原動力だと指摘された。その頃から日本でもいよいよ実際に選挙でネットを活用した効果が出始める。解禁から六年後、一九年の参議院選挙あたりから、ネットを駆使し新規参入する政治団体や候補者たちが存在感を増すと同時に得票も稼ぎ、もはやその影響を無視するわけにはいかなくなった。

選挙期間に入ればスキャンダルは出ない？　有名無実化する「六カ月間の報道自粛期間」

筆者（井戸）がネット選挙の影響を最初に感じたのは、投票行動よりも、メディアの対応の変化だった。これまでも指摘したようにメディアは、投票日の六カ月前から候補者の情報の露出を自粛するのが通常だった。

スキャンダルを抱えた候補者や陣営は「任期満了まであと半年」という段階で報道が出なければ胸を撫で下ろし、選挙戦に入ればさらに安心と思っていた。選挙に入ってから特定の候補者のスキャンダルを報じることは、公職選挙法上の「自由選挙妨害罪」にあたる可能性があるとされているからである。

ところが、その「常識」がネット選挙解禁の余波で崩れていく。
一つの転換点となった選挙がある。ネット選挙の解禁から三年後、二〇一六年七月三一日投開票の東京都知事選挙だ。有力候補だったジャーナリストで元ＴＢＳ番組キャスターの鳥越俊太郎氏に関して、『週刊文春』(七月二八日号)が、選挙が告示されてからまもなく「鳥越俊太郎都知事候補「女子大生淫行」疑惑」と題した記事を掲載した。鳥越氏側は、「一切事実無根」と抗議したものの、翌週にも追いかけ記事が出て、大きな打撃を受けることになった。選挙期間中に有力候補者のスキャンダルがここまで堂々と報じられることは、それまではなかったと記憶している。大手メディアが六カ月規定を守るが故に、選挙期間中の各候補者についての報道は少なくなる。一方でTwitterやFacebookなどのＳＮＳでは真実かフェイクか確認が難しい情報が大量に上がってくる。週刊誌報道はその流れに乗ったものだ。

有権者は選挙が近づいて来れば来るほど、むしろ期間中こそ候補者についての情報が欲しい。マスメディアが報じない分、ネットや週刊誌情報のボリュームが大きくなるのは当然の流れだ。

実は、ネット選挙解禁の公職選挙法改正当時から、虚偽情報が流れたらどうするのかという懸念は国会でも議論されていた。一方で、解禁から一〇年以上経った二〇二四年の兵庫県知事選挙でも起こったように、ネットを活用することで、攻撃された側も瞬時にエビデンスをつけて反撃することが可能になっている。一つひとつの選挙を越えるごとに候補者も有権者も学習し、戦い方を心得てきているという見方もある。ただ、候補者にそれなりのフォロワーがいればアピールも反撃も可能だが、そうでなければ、ＳＮＳで発信したとしても波及効果はあまり期待できない。

選挙サイトや検索エンジンに掲載されるか否かでも拡散力は変わってくる。虚偽にしろ、その否定にしろ、影響力があるサイトやよくシェアされる場所にコンテンツをあげられるかが勝敗を分ける要因になっている面がある。

ちなみに、総理や大臣等の役職者は六カ月規定の例外で、定例会見などは通常通り報道される。そのため、選挙近くに、政府の立場としてのメディア出演など露出を増やし、選挙を有利に戦うためにも大臣就任は大きなアドバンテージになると思われてきた。しかし、ネット選挙解禁以降は様相が違う。ネットではお構いなしに候補者たちの情報を出せるようになり、むしろ現役大臣こそスキャンダルのターゲットになったり、落選したりする人も出てきた。

SNSでも「ネットドブ板選挙」

そうした流れの中で、政党や候補者たちが始めたのが「ネットドブ板選挙」である。

「ドブ板選挙」とは、候補者が各戸を一軒一軒、ドブ板を渡りながら回ったことから名がついた選挙戦術である。ありとあらゆる会合に顔を出し、飲みたくない酒も飲んで握手をし、名刺を渡し、徹底的に有権者と触れ合う手法だ。スマートフォンの普及で、高齢者を含め誰もが簡単にSNSにアクセスできるようになったことで、ドブ板選挙的戦術をネット選挙にも取り入れる候補者たちが出てきたのである。レスポンスが瞬時につき、そのやりとりを第三者が眺めるという図式は、静止的な媒体であるビラ等よりも、良しにつけ悪しきにつけ瞬発力、拡散力がある。

SNSを本気で選挙で活用しようとすれば、相当なマメさが必要だ。当然だが、選挙期間中は候補者は街頭で演説していることが多いので、ＳＮＳの発信に時間を費やすことは難しい。それでもちょっとした休憩時間を使ってこまめに発信や返信をしていると、そこからリポストされ多くの人の目に触れるようになり、効果は確かにあると実感する。

ブログが主な発信手段だった頃は、ある程度整理された内容で、まとまった分量を書かなければならなかったが、Ｘ（旧 Twitter）など一四〇字の短文が発信の中心になると、本人、スタッフはもちろんのこと、専門業者も含めて対策に乗り出すようになった。

また、二〇一六年の都知事選挙の前後から、選挙の候補者を決める、もしくは候補者たちの活動の成果を見る際の「評価軸」として、各政党の担当者が Twitter 等の「フォロワー数」を気にするようになった。各党の選対は、候補者たちの日常活動をネットを見て確認するようになり、総支部長等に提出させる月次報告でもフォロワー数やツイート数の記載欄が設けられた。

二〇一九年の参議院選挙では、ネットを駆使した「れいわ新選組」、「ＮＨＫから国民を守る党（Ｎ国党）」といった新興政党が議席を獲得して政党要件を満たすなど、これまでの選挙の常識を覆す結果が出た。ネット対策の「成果」が可視化されたのだ。れいわ新選組もＮ国党も、ネットでの発信とアンチも含めた情報の拡散がなければ、その情報が届く範囲は限定的だっただろう。動画配信 YouTube でいつでもどこでも繰り返し演説や政見放送などを見ることができ、それに対してシェアなどのアクションをとる。その連鎖が具体的な投票行動につながったのだ。

二〇二四年の衆議院選で、改選前七議席だった国民民主党は、四倍となる二八議席を獲得。国民民主党のような小さな政党は地上波テレビや新聞で取り上げられる機会が少ないが、代表の玉木雄一郎氏は、自身のYouTubeチャンネルなどを例に挙げ、自分から発信できるメディアを持ち、継続して情報を出してきたことが、今回の選挙結果につながったとしている。

さらに「実際に演説に出向き、同時にライブ中継する。そしてその動画を切り抜き、拡散してもらう。ネットとリアルを組み合わせるなかで、支持が広がっていったと実感している」「スタッフも予算も少ないなか、著作権フリーにするので切り抜き動画をアップしてほしいとボランティアにお願いした。何十万回と再生されたものもあり、政党名や政策を多くの人に知ってもらえた」とも言う。玉木氏の場合、以前から選挙におけるネット戦略を重視し、大量の政策動画をストックしていて、著作権フリーで誰でもアクセス、加工、発信ができるという環境を整えていた。

ＳＮＳは力を入れてもそれだけの効果は出ないと言われてきたのだが、玉木氏の言うように時間を割いて「ドブ板」をやることによって確実に効果が出てきたのである。

「炎上」は無名に勝る

ただ、繰り返すが、「ネットドブ板」をやるとしても、政治家やスタッフが対応できる時間は限られている。一回に発信できる文字数に上限があるとなると、言葉足らずや誤解もあり、候補者自身の発信が思わぬ炎上を生むこともある。

ある候補者は炎上が絶えず、公認された党から本人の発信が禁止され、本人に成り代わったスタッフが発信を続けた。選挙期間中は、Ｘについては選対幹部が内容をチェックし、許可を得なければ流さないことにした。ただ、選挙では悪名は無名に勝るというが、こうした「炎上」も知名度が格段に上がるという点では決してマイナスではない。見ている人は敵ばかりではなく味方も一定数いるからである。

多くの陣営が、今まではどんなに「バズ」っても選挙結果と連動しないと思っていたが、ここ数年で状況は変わった。特に接戦で後半戦に入った場合、大逆転ができる最後の可能性はSNSでいかに話題になるかだと認識し始めている。

このように、ネット選挙は「日々是更新」で、新しいツールや活用方法が次々出てくる。他業種での活用方法や、同じ党内ばかりではなく他党の候補者、場合によっては相手候補もフォローしながら、成功事例を学んでいるのが現状だ。政治家にとってSNSの活用は「選択科目」から「必修科目」となり、当落の決め手とさえなり得るほどに大きな武器になることが証明されたともいえるだろう。

ネット運動の導入で、最も効果が上がったことの一つとして、公職選挙法では禁止されている立会演説会の機能の実質的な提供があげられる。公職選挙法がなぜ制限するかといえば、資金力のある候補者が演説会場を独占したり、演説会用のビラやポスター、看板を含めた「文書図画」が街に溢れたりすることを防止するためである。

そもそも日本では一九四八年以降三五年間は、選挙中に候補者を集めて政策を聞く、公営の「立会演説会」が実施されてきた。立会演説会のメリットは、候補者にとっては自分で聴衆を集める必要がなく負担が少ないこと、有権者にとっては候補者の政策や人柄を比較しながら直接話を聞けることがあるが、開催日時や場所を候補者側で自由に決められない、拘束時間の割に候補者の発言時間に限りがある、また、一部の候補者が動員した支持者が野次で他候補者の演説を妨害したり、応援する候補者の演説が終わると一斉に退場するなど弊害が目立ち、聴衆として参加する有権者が減ったこともあって、一九八三年に廃止された。

選挙期間に複数候補が集まってできる演説会は「合同演説会」である。ただ、主催者はあくまで候補者となるので、わざわざライバルと一緒に演説会をする必然性はなく、形骸化していた。

しかし有権者からは、政見放送など候補者が一方的に語るだけの映像ではなく、候補者同士の「直接対決」を見て、人物や政策について比較検討したいという要請は引き続きあり、一九九〇年代半ばからリンカーン・フォーラムやJC（青年会議所）などの民間団体が、「投票依頼は一切しない」政治活動の一環として、選挙が開催される時期に各候補者を呼んで政策を語る「公開討論会」を企画するようになった。筆者（井戸）の体験では、二〇一四年までは選挙期間に入る直前までという縛りがあったが、最近では有権者のニーズもあるのか、選挙期間中でも開催されるようになった。確かに「あくまで政治活動」であれば、公職選挙法に抵触することなく、選挙期間中でも期間外でも「公開討論会」は開催できる。

現在ではネットで討論会が配信されていて、アーカイブも残る。また、二〇二三年には政治経済に関する情報を動画配信するReHacQ（リハック）といったメディアも登場し、公開討論会を企画している。投票にあたっては、こうした番組を参考にするという人も少なくない。

人気投票の公表の禁止と戦略的投票

選挙期間中には、各新聞社や通信社が頻繁に情勢を公表する（対面や電話での口頭回答による調査については人気投票の公表の例外とされ、違反にはならない）。

これとは別に、政党は独自に調査して、代表などの幹部の応援や資金をどの選挙区に重点的に配置するかといった方針を決めていく。事前に有権者に伝わると投票行動に影響が出る可能性があるので、本来は公表できない情報だ。しかし、インターネット時代ともなると、内輪で秘匿されているはずの情報も、ふとしたことから瞬時に共有、拡散されてしまうことがある。

また、情勢をめぐって有権者が情報や意見を共有すると、たとえば乱立している野党側の候補の中で、当選に最も近い候補者に票を集める、いわゆる「戦略的投票」も容易にできてしまう。

実際、二〇一九年の参議院選挙では、ある複数区（二人以上が当選する）の新聞調査の結果を受けて、当選ラインを超えているA候補と当落線上のB候補について「戦略的投票」の呼びかけがSNSを通じておこなわれた。つまり、AとBの両方を当選させるために、A候補に投票しようと思っていた人も、Aは安泰だからB候補に投票しようという呼びかけである。結果はBが当選し、Aは落選した。選挙最終盤にネット上で流れたBへの投票呼びかけが、結果に影響を与えたのではないかと指摘された。公職選挙法で選挙に影響を与えることが禁止されていても、インターネットというツールの前では法が実質上効力を失ってしまうケースが出てきているのだ。

ネット選挙と落選運動　虚偽情報と拡散をどうするか

ネット選挙、とりわけSNSの場合は誰が、いつ、どのぐらい発信をしようがお構いなしで、内容が真偽不明であっても拡散していく。

既に触れたが、日本の先を行くアメリカでも、二〇一六年の大統領選では共和党のトランプ候補に有利になる偽情報が量産され、ＳＮＳ上で拡散したことがトランプ政権誕生の一因だと指摘された。また、この年には英国でＥＵ離脱をめぐる国民投票が実施されたが、離脱しなければこれだけのデメリットがあるという偽情報が拡散し、投票結果を左右したと言われている。

日本でも、二〇二三年に生成ＡＩで作成された岸田文雄首相（当時）の偽動画が一日で二三二万回再生されるという事態が起こり、問題となった。

偽情報の抑止としては、表現の自由を損なわない範囲での規制や罰則を設けることがまず考えられるが、対策は進んでいない。情報の内容を検証する「ファクトチェック」にしても、どの機関がどのような資格を持って担うのか、また、ファクトチェックと称するもの自体がフェイクニュースとなりうる現状もあって、対応はきわめて難しい。

さらに、ネット選挙の解禁の前後で大きく変わったことの一つに「落選運動」がある。「落選運動」とは、特定の政治家や候補者に対して批判的な意見を表明し、その当選を阻止しようとする活動である。これまで自分の推す候補者の当選を願い、不適格な候補者を落選させるには、「怪文書」くらいしかなかった。しかしネット上では、多くの見知らぬ同士が地域を超えて連帯しやすくなった。有権者たちが、政治姿勢や司法判断からその職にふさわしくないと考えた特定の候補者を落選させたり、最高裁の裁判官を辞めさせようとする運動が出てきたのだ。

「公職選挙法において虚偽事項公表罪が設けられている。ＳＮＳを含めインターネット上の発信なども対象となる」。二〇二四年一二月の臨時国会で、村上誠一郎総務相はそう見解を示している。ただ、規制のあり方には慎重な検討が必要で、石破茂首相も「表現の自由や選挙運動、政治活動の自由に関わる重大な問題」だとして、各党の議論に委ねる考えを示した。

第4章でも言及したが、法改正論議の呼び水となった兵庫県知事選では、斎藤元彦氏と争った前同県尼崎市長、稲村和美氏の陣営が運営するXの公式アカウントが二回凍結された。兵庫県警は、不特定多数による虚偽の通報が凍結の原因だったとする偽計業務妨害容疑の告訴状を受理している。また、稲村候補が県知事選では主張していない政策が主要政策だとしてまことしやかに拡散され、選挙運動を妨害されたとする公職選挙法違反の告発状も受理された。

ネットの拡散力は、ささいなことでも特定候補者へのネガティブキャンペーンの端緒となり、選挙結果にも影響を及ぼす。落選運動に対する何らかの罰則が必要だとする議論も出ている。

選挙の地殻変動　「地盤・看板・カバン」＋「ネット」

これまで政治家が当選し続けるためには「地盤・看板・カバン」の三バンが必要だと言われてきた。そこに今、「ネット」という新たな要素が加わろうとしている。

これまでの選挙運動は、有権者からすればほしい情報が入らず、候補者にとっては、本音と建前を使い分けながら、根拠の乏しい公職選挙法の規定ギリギリを苦心しながら歩かざるを得ないという、双方にとって欲求不満のたまる現状がある。選挙とは、首長や議会の代表を替える、もしくは継続するためのものだが、公職選挙法自体がその選挙の本質から遠ざかることになってはいないだろうか。

二四年の選挙は、まさにSNSが席巻し、これまではいわゆる「地上戦が五割、空中戦四割、SNSは一割」程度と捉えられていたが、明らかにSNSの割合が大きくなった。

その象徴的な選挙が七月の東京都知事選である。知名度抜群の二人の女性候補、小池百合子都知事と蓮舫参議院議員(当時)が圧倒的と言われる中で、前広島県安芸高田市長の石丸伸二氏が一六五万票余りを集め、立憲民主党・共産党の支援を受けた蓮舫氏を追い抜いて二位になり「石丸現象」と言われた。年代別で見ると、一〇~二〇代の投票先で最も多かったのは石丸氏で、三〇~五〇代でも一位の小池氏に肉薄した。特にYouTubeの効果は高く、収益を狙ったYouTuberたちが石丸氏に関する切り抜き動画を次々アップし拡散、ボランティアや街頭演説に予想を大きく上回る人々が集まる事態となった。候補者自身が「ネットドブ板」をする以上に、石丸氏を知らない人々が支援するかしないかに関わりなく、自らの動画の収益を求めてドブ板をしてくれるという状況が、この「石丸現象」を生み出したのである。

一方、蓮舫氏は立憲民主党や共産党といった組織力をバックに、五月の東京一五区衆議院補選や東京都議会議員補選での躍進の勢いを借りて、東京都知事選挙も善戦すると思われていた。その活動はSNSでも拡散されたが、多くの人を集めた街頭演説の動画も内輪向けと受け取られ、無党派層等への支持拡大はかなわなかった。石丸氏と同様、若者たちを活動の中心にし、子育て政策をアピールして、子育て世代をターゲットにしたにもかかわらず、である。

また、ネット選挙の効果が最も反映されやすいのは参議院比例全国区、衆議院ブロック比例代表、知事選などの全県選挙、もしくは合同選挙区である。衆議院小選挙区はこれらの大選挙区ほどの影響を及ぼさないとも考えられている。大選挙区でも多数が当選する一般市や区議会議員の選挙では、得票数が多くなくても当選できるので、影響を評価しづらい。政治家は自らが立候補する選挙のスケールと、ネットの維持管理等に関するコスト、炎上するリスクを考慮しながら、ネット選挙の対策を打つ。

一般的にＳＮＳは人口のパイからすれば少数である若者のメディアだと言われてきたが、今や六〇～七〇代にもスマートフォンの利用が拡がり、家族間でのＬＩＮＥのやりとりに慣れている。高齢者の主な情報源が、従来のテレビや新聞からYouTubeに移行してきていることも指摘されている。意外なポイントとして、老眼が進んだ高齢者にとってもはや新聞はアクセスしにくいメディアであり、パソコンやスマホ、テレビでも閲覧できるようになったYouTubeの方がむしろ親和的なメディアであるということに、ようやく政党や政治家が気づき始めたともいえる。

問われた公職選挙法　有権者の「〇→一」体験

ＮＨＫが二〇二四年一一月九日～一一日の三日間、ウェブ上で実施した兵庫県知事選挙に関するアンケートでは、投票で最も参考にしたメディアは、それまでの新聞・テレビを抑え、ＳＮＳ・動画サイトがいちばん多く、三割を占めている。また、七割がその情報に接したことで投票行動を変えた等の影響を受けている。これまで候補者が出す情報に対して受け身だった有権者が、自ら検索したり、自動的に流れてくる情報についても能動的行動をとるようになっているのだ。

SNSのシェア機能や、ライブで流れてくる演説等に気軽にアクセスできるようになったことは、有権者のありようをも変えつつある。

また、それぞれの選挙で公職選挙法違反の可能性が広く注目されたこともあって、有権者は選挙のあり方について考えることになり、候補者や政党についての情報を収集する一定の経験を積んだとも言える。これまでは「一票を投じる」ことしか意思表示の方法がなかった多くの有権者は、SNSで「いいね！」やリプライをしたり、候補者本人へコメントを入れたり、さらには切り抜き動画を作ったりすることを通じて、「一票の行使」以外にも自分たちにできることがあると発見した。そしてその効果は、衆議院選挙で、与党過半数割れによって生まれた政治状況をいままさに体験しているように、選挙の時だけではなく、選挙後も続いていく。有権者が「○→一」へと政治を変えられるという体感を得たことの意味は大きい。

蓮舫氏の「フェス」的選挙が醸し出す内輪ノリへの忌避感からもわかるように、これまで選挙といえば、利益団体や「意識高い系」と言われるような人々が集って騒ぎ立てているといったイメージがあったが、それ以上に自分たちのようなごく普通の一般有権者の方が結果を出せるという勝利体験である。有権者が自らの価値を見出したとも言え、日本の選挙に地殻変動を起こす、非常に重要な体験となったのではないだろうか。同時に、先に述べたような虚偽情報の流布など、意図せずに公職選挙法違反に抵触してしまう危険もはらんでいる。

インターネットやSNSを使った選挙をどう組み立てるのか、各陣営ともに「正解」を持っているわけではない。大きな論点として、ネット選挙で使われるプラットフォームは、YouTube

にしろXにしろ外国企業が運営し、候補者たちから膨大なネット広告費が支払われている。お金のかからない選挙を目的にインターネット活用が導入されたにもかかわらず、広告費の拡大の課題をどうとらえるかなど、各陣営の動画やネット記事の作成費もさることながら問題は尽きない。

選挙前であれば YouTube やＬＩＮＥに広告も出せる。たとえば YouTube を開くたびに東京二六区で無所属で当選した松原仁衆議院議員のネット広告が流れてきたが、支持層の拡大を狙って愛犬を登場させ、松原氏の今までのイメージを払拭するような動画だった。松原氏は無所属なので、選挙期間中は政党での広告が打てない。だからこそ、用意周到に政治活動としてネット広告を打つという対策をとっていたのだろう。

金額の面から見れば、最も費用がかかるのは動画編集で、まさに「ピンキリ」の世界である。陣営に動画編集ができるスタッフがいれば問題ないが、基本的には外注となり、今後、選挙資金の使い道としても最も大きな割合を占めていくだろう。

また、ネット選挙は選挙運動だけでなく、投票ができてこそ貫徹する。二〇二四年末、茨城県つくば市は投票自体をインターネットを使ってできないか模索して、市長選挙・市議会議員選挙で実現する準備をし、「本人確認の方法」「買収や強要による投票を防ぐ」「投票の秘密を守る」、また「サイバー攻撃」や「通信障害」「データ改ざん」などの課題に対する対策をとって、ネット投票導入を国に提案していたが、総務省と折り合わず、断念した。

諸外国の動向を見ても今後、ネット投票の解禁は主流となっていくと思われる。民主主義の基盤強化につながる内容にしていくことは、政治家のみならず有権者にとっても重要な課題である。

井戸まさえ

1965年生．ジャーナリスト．東京女子大学大学院博士後期課程修了．松下政経塾9期生．東洋経済新報社勤務を経て，2005年兵庫県議会議員(2期)．2009年衆議院議員(1期)．
主な著書に『日本の無戸籍者』(岩波新書)，『ドキュメント 候補者たちの闘争――選挙とカネと政党』(岩波書店)，『無戸籍の日本人』(集英社)，『子どもの教養の育て方』(共著，東洋経済新報社)ほか．

三村和也

1975年生．Smart Solutions合同会社代表，社会起業家．東京大学法学部卒業．1999年経済産業省入省．ICT，エネルギー，防衛政策を担当．南カリフォルニア大学修士(法学)，イエール大学修士(国際経済学)．2009年衆議院議員(1期)．2024年4月より早稲田大学大学院法務研究科在学中．

知っておきたい！ 公職選挙法　　岩波ブックレット1106

2025年3月19日　第1刷発行

著　者　井戸《いど》まさえ　三村和也《みむらかずや》

発行者　坂本政謙

発行所　株式会社 岩波書店
〒101-8002 東京都千代田区一ツ橋2-5-5
電話案内 03-5210-4000　営業部 03-5210-4111
https://www.iwanami.co.jp/booklet/

印刷・製本　法令印刷　　装丁　副田高行　　表紙イラスト　藤原ヒロコ

ISBN 978-4-00-271106-5　　Printed in Japan